U0632165

新中国读本

张胜友　曹冬梅／著

吉林文史出版社

图书在版编目(CIP)数据

新中国读本/张胜友,曹冬梅著. — 长春:吉林文史出版社,2010.5
ISBN 978-7-80702-968-7

Ⅰ.①新… Ⅱ.①张…②曹… Ⅲ.中国—现代史—1949~2010
Ⅳ.①K27

中国版本图书馆 CIP 数据核字(2010)第 046370 号

新中国读本

著　　者:张胜友　曹冬梅
责任编辑:范中华　高原媛
责任校对:李洁华
装帧设计:孙浩瀚
图片提供:中国图片网
出　　版:吉林文史出版社
（长春市人民大街 4646 号　邮政编码:130021）
网　　址:www.jlws.com.cn
印　　刷:长春第二新华印刷有限责任公司
字　　数:180 千字
开　　本:787mm×1092mm　1/16
印　　张:15.75
标准书号:ISBN 978-7-80702-968-7
版　　次:2010 年 5 月第 1 版
印　　次:2010 年 5 月第 1 次印刷
定　　价:28.00 元

目录 Contents

Contents 目录

序言

一个世纪前，带着深重的灾难和难言的耻辱，中国人步入了 20 世纪。曾创造人类辉煌文明的中华民族在迷茫中进行着艰辛的求索和不屈的抗争。风雨如晦，长夜如磐，中华民族的前途究竟在哪里?

1917 年，十月革命一声炮响，马列主义的真理之光照亮了黑暗的华夏大地。1921 年，一支以马克思主义科学理论武装起来的新生政治力量崛起于中国，毅然肩负起唤醒中华民族的重任，她的名字是中国共产党。于是，一场民族复兴、改天换地的行动在这片华夏热土上如火如荼地展开了。三十年的腥风血雨，三十年的抛头洒血，终于迎来了新中国的诞生。

这本书，我们给它取名：新中国读本，就是想通过这 18 万文字和 140 余幅精美的照片展示新中国从呱呱坠地到跨世纪的今天，已如巨人屹立在世界的东方。我们想要告诉世界的是：没有共产党，就没有新中国；没有共产党，就没有共和国的今天。

然而，新中国的发展之路也充满了坎坷和荆棘。建国初期，百废待兴。中国共产党团结领导全国各族人民，自力更生、艰苦奋斗，克服难以想象的艰难险阻，将一穷二白、积贫积弱的旧中国脱胎换骨，造就了生机勃勃、奋发前进的新中国。然而文化大革命的十年，让中国陷入一场空前的浩劫，党、国家和人民遭受了建国以来最严重的挫折和损失，国民经济遭到严重的破坏。四人帮倒台，文革结束，中国重获新生，十一届三中全会的召开，为神州大地迎来了改革开放的春天。

改革开放后，历经三十多年的发展和建设，中国，这个世界上最大的发展中国家的面貌发生了神奇的蜕变，在以邓小平为核心的第二代领导者的带领下谱写了一曲人类文明史上特色发展的壮歌。走中国特色社会主义道路，成为中国人民的坚定选择。党的十三届四中全会以后，以江泽民同志为核心的党的第三代中央领导集体，创立“三个代表”重要思想，继续引领改革开放航船沿着正确方向破浪前进。党的十六大以来，以胡锦涛同志为总书记的党中央，以科学发展观等一系列重大战略思想，团结带领全国人民继续开创中国特色社会主义事业新局面。

翻开这部共和国史读本，将体味共和国走过的这一段风雨历程，重温建国以来的光辉岁月，看中国共产党领导下的中国如何走上国家独立、民族复兴的伟大征程，展现历史进程的坎坷，揭示崛起的大国风采；六十多年来的宏观图景与细节记忆交相辉映，文字讲述与图片纪实相互融合，在行文中缓缓展开一幅幅共和国风云画卷，在回眸中与祖国母亲同呼吸共命运，同时也串连起中国与世界共同跳动的脉搏。

历史的这一页翻过，复兴之旅任重而道远，新的世纪，新的考验，新的挑战，新的征程，在薪火相传的中国共产党人的引领下，中国人民将继续充满自信地开创新的历史篇章。

第一章 中国人民站起来了

1. 没有共产党，就没有新中国

中国是世界上国土面积最大的国家之一，陆地面积960万平方公里，海域面积473万平方公里。中国是一个有56个民族的统一的多民族国家。勤劳勇敢的中国人民创造了绵延五千多年的中华文明。这个伟大、独特、充满东方神韵的国度，正如一只昂首挺胸的雄鸡雄踞于亚洲东部、太平洋西岸，屹立于世界的东方。

和世界上的其他国家一样，中国社会经历了从原始社会、奴隶社会到封建社会的历史演变。到19世纪中叶，中国社会独立发展的历史进程被打破了。1840年，英国发动了鸦片战争，从此西方的资本主义侵略势力纷纷侵入中国，使中国由一个拥有独立主权的封建国家逐步演变为半殖民地半封建国家。其后的一百多年间，不屈不挠的中国人民从来没有停止过争取民族独立和自由解放的斗争。从林则徐虎门销烟，到广州三元里人民自发的抗争；从太平天国长达14年的农民革命战争，到资产阶级改良派的"百日维新"以及孙中山先生领导的推翻清王朝的辛亥革命。"无量头颅无量血，可怜换得假共和。"辛亥革命的失败证明，资本主义的道路在中国走不通。

中国人民必须寻找新的道路。就在历史发展的关键时刻，十月革命一声炮响，给中国送来了马克思主义，

孙中山，中国革命的先行者。他创建了中国国民党，曾担任中华民国第一任临时大总统。他倡导为时代之先的新三民主义，在中华大地上首次举起了彻底反封建的大旗。他因"起共和而终帝制"的不朽功绩，被后人尊称为"国父"。

世界记忆

十月革命（the October Revolution），也称为“布尔什维克革命”或“十月社会主义革命”。1917 年 11 月 7 日（俄历 10 月 25 日），俄国工农兵在以列宁为首的布尔什维克（俄国共产党）领导下发动武装起义，推翻资产阶级临时政府，建立了第一个无产阶级专政国家。这是无产阶级政党领导的第一次成功的社会主义革命。革命推翻了俄国资产阶级临时政府。在十月革命胜利的鼓舞下，1919 年 5 月 4 日，中国爆发了以学生为主体的五四运动。

深刻影响了中国人民对社会发展道路的选择。1919 年的五四运动和 1921 年中国共产党的诞生，开创了中国革命的崭新时代。从此，资产阶级领导的以建立资产阶级共和国为目标的民主革命发生了转变，被无产阶级领导的以建立新民主主义国家为目标的新民主主义革命所代替。

中国共产党一成立，就以崭新的姿态站在了历史的舞台上。她第一次向中国人民提出了彻底的反帝反封建的民族民主革命纲领，并坚决贯彻执行这一正确的纲领。共产党员所表现出来的模范行为，赢得了民主革命先驱孙中山先生的信任。在中国共产党的帮助下，孙中山先生改组了国民党，实现了第一次国共合作。国共两党共同努力奋斗，成功进行了北伐战争，给北洋军阀以重创，给苦难中挣扎的中国人民带来了希望。然而，1925 年 3 月孙中山先生逝世后，国民党内各个反动集团相继叛变，轰轰烈烈的第一次大革命失败了。国民党建立起代表大地主大资产阶级利益的反动政权——南京国民政府。中国社会的半殖民地半封建性质没有改变。

浙江嘉兴南湖。1921 年 7 月底 8 月初的一天，中共一大代表以游客泛舟为掩护，在舟中秘密召开会议。

大革命失败后，国民党统治集团向中国共产党人举起了屠刀。在严峻的考验面前，那些真正的共产党人表现出坚定的革命立场和大无畏的革命精神。他们从地上爬起来，擦干身上的血迹，掩埋好同伴的尸体，又继续投入战斗。中国共产党先后领导了一百多次武装起义，建立了不同于一切旧军队的新型人民军队，发动农民开展土地革命，建立起农村革命根据地，开创了农村包围城市的革命道路。此后，在国民党的不断进攻下，革命力量几经挫折，特别是经受住了二万五千里长征的考验，最终还是坚持了下来，在西北建立起人民的政权。

从1931年“九·一八”事变开始，日本帝国主义发动了侵华战争。面对日本的野蛮侵略，中国人民不屈不挠，英勇抵抗。在中华民族面临亡国灭种的危急时刻，与国民党当局的不抵抗政策形成鲜明对照，中国共产党率先高举武装抗日的旗帜。党中央号召全国工农武装起来，积极进行民族的自卫战争。随着全国抗日救亡运动的不断高涨，中国共产党提出建立抗日民族统一战线的新政策，积极促成了西安事变的和平解决，长达十年之久的内战基本结束，国内和平基本实现。

1937年7月7日，卢沟桥事变爆发，中国进入全国性抗战的新时期。7月8日，中国共产党通电全国，号召中国人民团结起来，共御外侮。在中国共产党的不懈努力下，国共两党实现了第二次合作，抗日民族统一战线终于建立起来了。历经14年艰苦卓绝的斗争，中国人民最终赢得了抗日战争的胜利。

抗日战争，是近代以来中华民族反抗外敌入侵第一次取得完全胜利的民族解放战争。中国共产党在抗战中起到了中流砥柱的作用。在党的领导下，人民革命力量空前壮大，人民军队有了很大的发展，建立起19个解放区。有着1亿人口的解放区建立起新民主主义社会，成为中国的希望所在。

抗战胜利后，饱经战乱的中国人民迫切要求和平，反对内战，期望国共两党继续携手共同建设美好家园。中国共产党顺应民众的意愿，真诚地提出与国民党成立联合政府，和平建国。为此，毛泽东亲赴重庆谈判，积极推动国内和平局势的发展。国民党迫于形势的压力，不得不做出和平的姿态，表示愿意同共产党和其他民主党派合作，于1946年1月召开政治协商会议，通过了和平建国纲领。政治协商会议的召开以及一系列协议的达成，激起了亿万民众对实现和平、民主、统一的热望。

然而，人民的和平愿望很快就被国民政府的大炮所击碎。依靠美国援助和支持的国民党，为了维护其一党

第二次世界大战作为一次世界人民的反法西斯战争，是人类迄今为止规模最大、持续时间最长、参战国最多、波及范围最广的一场战争。中国的抗日战争是世界反法西斯战争的重要组成部分，也是开辟最早、持续时间最长、牺牲最大的一个战场。中国军民付出巨大代价，取得了对日作战的最终胜利，不仅捍卫了中华民族的尊严，而且对于世界反法西斯战争的胜利，对人类的进步事业，作出了应有的贡献。正如毛泽东同志所言："伟大的中国抗战，不但是中国的事，东方的事，也是世界的事。"

专政的独裁统治，不惜背信弃义，撕毁政治协商会议决议，悍然发动全面内战。中国共产党和解放区军民并没有被困难所吓倒，仅仅经过一年的时间，就粉碎了国民党军队的进攻，使保卫解放区的自卫战争发展为解放全国的战争。1947年10月10日，中国人民解放军总部发表宣言，提出"打倒蒋介石，解放全中国"的口号。接着，经过1948年9月至1949年1月辽沈、淮海、平津三大战役，基本消灭了国民党赖以发动内战的主力。1949年4月21日，人民解放军百万雄师横渡长江。4月23日，人民解放军占领南京。至此，统治中国长达22年之久的南京国民政府垮台了。

1949年3月25日，中国人民解放军总部由西柏坡迁至北平。毛泽东等人在西苑机场检阅了中国人民解放军。检阅车全部驶过后，战士们难以抑制激动的情绪，流下了激动的泪水，纷纷振臂高呼："毛主席万岁！""朱总司令万岁！""中国人民解放军万岁！"

2. 中华人民共和国的诞生

伴随着解放战争的胜利，建立新中国的历史任务就被提上了日程。我们要建立一个什么样的国家，已经成为摆在中国共产党和全国人民面前的一个严肃课题。1948 年 4 月 30 日，中共中央发布纪念“五一”口号，提出：“各民主党派、各人民团体、各社会贤达迅速召开政治协商会议，讨论并实现召集人民代表大会，成立民主联合政府。”由此揭开了筹建新中国的序幕。

中国共产党的号召，很快得到全国的响应。各民主党派、人民团体、各界民主人士及海外侨胞，或联合或单独发表通电、宣言、声明、文告、文章，拥护中国共产党的主张，号召全国同胞群策群力，完成大业。随后，各民主党派和无党派民主人士开始进入解放区，协商建国。

1949 年 6 月 15 日，新政协筹备会在北平成立。新政协筹备会议期间，正式确定了新中国的国名和政协会议的名称。国名为“中华人民共和国”，政协会议的名称，根据筹备新政协组织条例起草小组的意见，从 1948 年 8 月，开始称作中国人民政治协商会议（也被称为“新政协”，以区分 1946 年 1 月召开的政治协商会议）。

1949 年 9 月 21 日，中国人民政治协商会议第一届全体会议在北平召开。毛泽东在会议开幕辞中庄严宣告：“占人类总数四分之一的中国人从此站立起来了。”

中国人民政治协商会议专门讨论了国旗、国徽、国歌、纪年、国都等问题。9 月 27 日，中国人民政治协商会议第一届全体会议一致通过《关于中华人民共和国国都、纪年、国歌、国旗的决议》。

中华人民共和国的国都定于北平，自即日起北平改名为北京。

中华人民共和国的纪年采用公元纪年，即今年为 1949 年。

在中华人民共和国的国歌没有正式确定之前，以田汉作词、聂耳作曲的《义勇军进行曲》为代国歌。

中华人民共和国的国旗为五星红旗。国旗图案的设计者是曾联松。五星红旗，旗面的红色象征着革命。旗上的五颗五角星及其相互关系象征着中国共产党领导下的革命人民大团结。星用黄色是为在红地上显出光明，四颗小五角星各有一尖正对着大星的中心点，表示围绕着一个中心而团结。

中华人民共和国的国徽图案由清华大学营建系梁思成、林徽因、高庄等集体设计，经中国人民政治协商会议第一届全国委员会第二次会议通过，1950 年 9 月 20 日正式公布。中华人民共和国国徽的主体是红色和金色。国徽主要由国旗、天安门、齿轮和谷穗构成。

中华人民共和国国旗——五星红旗

中国的新民主主义革命是从五四运动开始的，在 1949 年取得了伟大胜利，建立了中华人民共和国。天安门作为五四运动的发源地，又是新中国成立时举行开国大典的盛大场所，作为新的民族精神的象征体现在国徽的设计中，无疑是十分恰当的。齿轮、谷穗象征工人阶级与农民阶级；国旗上的五星，代表中国共产党领导下的中国人民大团结，鲜明地展现了新中国的性质是工人阶级领导的以工农联盟为基础的人民民主专政的社会主义国家。

承担着建国筹建工作的中国人民政治协商会议，主要的任务之一是制定政治协商会议共同纲领，以作为新中国各项工作和全国人民行动的准则。经过大会的民主协商，《中国人民政治协商会议共同纲领》于 9 月 29 日为全体会议通过。

《共同纲领》确认了中国近百年来革命的胜利成果和斗争经验，规定了国家的性质和奋斗目标，制定了政权机构、军事制度和经济政策、文化教育政策、民族政策和外交政策的总原则，在 1954 年第一部《中华人民共和国宪法》公布和实施之前，是中华人民共和国的第一个人民大宪章。

《共同纲领》规定了新中国的国体。所谓国体，指的是国家的根本体制，即各个阶级在国家中的地位。也就是说，国家属于谁、谁是国家主人

中华人民共和国国徽

的问题。《共同纲领》指出，中国人民解放战争和人民革命的伟大胜利，使帝国主义、封建主义和官僚资本主义在中国的统治时代宣告结束。人民民主专政的共和国代替了封建买办法西斯专政的国民党统治，中国人民由被压迫的地位变成为新社会、新国家的主人。中华人民共和国为新民主主义即人民民主主义的国家，实行工人阶级领导的、以工农联盟为基础的、团结各民主阶级和国内各民族的人民民主专政，反对帝国主义、封建主义和官僚资本主义，为中国的独立、民主、和平、统一和富强而奋斗。

那么，人民怎样行使国家主人的权利呢？这就是政体的问题。所谓政体，指的是政权的组织形式。关于新中国的政体，中国共产党历来认为，应该采取人民代表大会制度，不搞资产阶级的国会制和立法、行政、司法的“三权分立”。《共同纲领》规定，中华人民共和国的国家政权属于人民。人民行使国家政权的机关是各级人民代表大会和各级人民政府。各级人民代表大会用普选的方法产生。各级人民代表大会选举各级人民政府。各级政权机关一律实行民主集中制。人民代表大会向人民负责并报告工作，人民政府向人民代表大会负责并报告工作。在人民代表大会和人民政府内，实行少数服从多数的原则。全国各地方人民政府服从中央人民政府。国家最高政权机关为全国人民代表大会。在人民代表大会闭会期间，中央人民政府为行使国家权力的最高机关。在普选的全国人民代表大会召开以前，中国人民政治协商会议执行全国人民代表大会的职权，制定中华人民共和国中央人民政府组织法，选举中华人民共和国中央人民政府，并赋之以行使国家权力的职权。

从以上的规定可以看出，基于民主集中制原则的人民代表大会制度，是新中国的基本政治制度。这种政权制度不同于欧美资本主义国家的议会制和三权分立制，它是立法与行政相统一的一种制度。

中国人民政治协商会议通过了中央人民政府组织法，一致选举毛泽东为中央人民政府主席，朱德、刘少奇、宋庆龄、李济深、张澜、高岗为副主席，陈毅等56人为中央人民政府委员。随后，中央人民政府委员会任命周恩来为政务院总理兼外交部长。

1949年9月30日，中国人民政治协商会议第一届全体会议闭幕。创建中华人民共和国的筹备工作胜利完成。

人民英雄纪念碑碑文："三年以来，在人民解放战争和人民革命中牺牲的人民英雄们永垂不朽！三十年以来，在人民解放战争和人民革命中牺牲的人民英雄们永垂不朽！由此上溯到一千八百四十年，从那时起，为了反对内外敌人，争取民族独立和人民自由幸福，在历次斗争中牺牲的人民英雄们永垂不朽！"

人民英雄纪念碑上的文字有三层含义，分别对三年解放战争时期牺牲的英雄们、1919-1949年新民主主义革命阶段中牺牲的人民英雄们以及从1840年鸦片战争起，一百多年来在反帝反封建斗争中牺牲的人民英雄们，表示永远的纪念。中华人民共和国的成立是先烈们英勇斗争的胜利果实，英雄们虽然牺牲了，但是他们的斗争精神和丰功伟绩千秋永照，万古长青。

3. 毛泽东升起了第一面五星红旗

毛泽东在 1949 年 9 月 21 日的政协开幕词中说道："诸位代表先生们：我们有一个共同的感觉，这就是我们的工作将写在人类的历史上，它将表明：占人类总数四分之一的中国人从此站立起来了。"在开国大典上，毛泽东亲手按下按钮，五星红旗冉冉升起，一个巨人以全新的姿态屹立于世界的东方。

1949 年 10 月 1 日下午 2 时，中央人民政府委员会在中南海勤政殿举行第一次会议。宣告中华人民共和国中央人民政府成立，中央人民政府主席毛泽东、副主席朱德、刘少奇、宋庆龄、李济深、张澜、高岗和委员宣告就职，接受《中国人民政治协商会议共同纲领》为中央人民政府的施政方针。会议选举林伯渠为中央人民政府秘书长，任命周恩来为中央人民政府政务院总理，毛泽东为中央人民政府人民革命军事委员会主席，朱德为中国人民解放军总司令，沈钧儒为最高人民法院院长，罗荣桓为最高人民

新中国的成立，鼓舞了大批在外求学的知识分子和科学家，他们放弃国外的优厚待遇，积极踏上归国的道路。这些久居海外的学子们排除万难，历经千辛万苦回归祖国的怀抱。我国著名的空气动力学家钱学森，著名文学家老舍都是在这时毅然回国的。

检察署检察长，并责成他们从速组成政府机构，开展各项政府工作。董必武、陈云、郭沫若、黄炎培为政务院副总理。

下午3时，首都北京30万军民齐集天安门广场，隆重举行新中国开国大典。当中央人民政府主席、副主席、委员登上巍峨雄伟的天安门城楼主席台时，中央人民政府秘书长林伯渠宣布典礼开始。

毛泽东主席站在城楼正中间，朝广场深深地望了一眼，用他那带着湖南口音的洪亮声音，向全世界庄严宣告："中华人民共和国中央人民政府今天成立了！"刹那间，广场上欢声雷动，犹如山呼海啸一般。

林伯渠宣布："请毛主席升国旗！"

广场上组成方阵的军乐队立即高奏国歌《义勇军进行曲》。同时，毛泽东按动电钮，一面巨大的鲜艳的五星红旗，沿着矗立在人民英雄纪念碑奠基地点前22米高的旗杆冉冉升起。

参加大会的30万军民一齐肃立致敬，向庄严美丽的五星红旗行注目礼。部队带队指导员行举手礼，在队列中间的干部战士以及执行勤务的人员肃然立正。

接着，54门礼炮齐鸣28响。它象征着人民政协第一届全体委员会的54个单位和中国共产党领导中国人民英勇斗争28年。

这隆隆的礼炮，宣告了一个崭新国家的诞生。

礼炮响过，毛泽东主席在天安门城楼上宣读了中央人民政府第一号公告。

随后，盛大的阅兵式开始了。朱德宣布命令后，受阅的三军部队以分列式通过天安门广场。

之后是壮观的群众游行。当参加游行的群众队伍出发时，已是黄昏时分。华灯初上，火红的灯笼如天上的星星在跳动，整个广场呈现出透明的红色调。人们的脸上洋溢着幸福的笑容，或高唱歌曲，或高呼口号，向东向西分别走出广场。"中华人民共和国万岁！""中国共产党万岁！""毛主席万岁！"人们从心底里发出这样的呼喊。此情此景，让每一个在场的人都为之动容。

此时此刻，站在天门城楼上的毛泽东，情不自禁地对着麦克风振臂高呼："同志们万岁！""人民万岁！"

顷刻间，广场上沸腾了！游行群众要求改变原来的游行路线，不向东向西分别走出会场，而是向北过白玉桥，然后从天安门城楼走过去。群众的要求得到了批准。于是，红色火龙似的群众队伍涌向天安门。

一颗绿色信号弹腾空而起，霎时，6 颗五彩斑斓的礼花在天空中竞相开放，紧接着无数颗彩色的礼花洒满天安门广场的夜空。天安门广场成了欢乐的海洋。

昨天与今天，历史与未来，当共和国的青年儿女站在人民英雄纪念碑五四浮雕前，新中国崛起的希望于这一刻在时间的长河里交汇融合。

我国的政体

中华人民共和国的政体是人民代表大会制。

所谓政体，就是指国家政权的构成形式。国体与政体紧密相连，国体决定政体，政体体现国体。由于具体历史条件不同，国体相同的国家也可能采取不同的政体。

我国政体的演变经过了曲折的发展历程，走过了从人治到法治的发展历程。主要经历了古代的封建专制主义中央集权制度、近代的资本主义民主共和制和现代的人民代表大会制度。

一党执政，多党协商

中华人民共和国的政党有中国共产党和被统称为民主党派的八个参政党派。中华人民共和国实行一党执政，多党协商的体制。

中国共产党，1921 年 7 月 1 日成立，是中国工人阶级的先锋队，同时是中国人民和中华民族的先锋队，是中国特色社会主义事业的领导核心，代表中国先进生产力的发展要求，代表中国先进文化的前进方向，代表中国最广大人民的根本利益。党的行动指南是马克思列宁主义、毛泽东思想、邓小平理论和“三个代表”重要思想。党的最高理想和最终目标是实现共产主义。

民主党派共 8 个，分别为中国国民党革命委员会、中国民主同盟、中国民主建国会、中国民主促进会、中国农工民主党、中国致公党、九三学社、台湾民主自治同盟。

全国人民代表大会

全国人民代表大会是最高国家权力机关。其常设机关是全国人民代表大会常务委员会。全国人大由省、自治区、直辖市和军队选出的代表组成，每届任期五年。人民代表大会制度，是我国的根本政治制度。

全国人民代表大会与中国人民政治协商会议简称“两会”。

中国人民政治协商会议

中国人民政治协商会议（简称人民政协）是中国人民爱国统一战线的组织，是中国共产党领导的多党合作和政治协商的重要机构，是中国政治生活中发扬社会主义民主的一种重要形式。中国人民政治协商会议，是中国各族人民经过长期的革命斗争，在新中国成立前夕，由中国共产党和各民主党派、无党派民主人士、各人民团体、各界爱国人士共同创立的。

中国人民政治协商会议是中国共产党领导下，由中国共产党、八个民主党派、无党派民主人士、人民团体、各少数民族和各界的代表，台湾同胞、港澳同胞和归国侨胞的代表，以及特别邀请的人士组成，具有广泛的社会基础。根据中国共产党同各民主党派和无党派人士“长期共存，互相监督，肝胆相照，荣辱与共”的方针，对国家的大政方针和群众生活的重要问题进行政治协商，并通过建议和批评发挥民主监督作用。

国务院

国务院是国家最高行政机关和国家权力机关的执行机关。实行总理负责制。各部、各委员会实行部长、主任负责制。每届任期五年。总理、副总理、国务委员连续任职不得超过两届。

国务院所属各部委(28个)

外交部　国防部　发展改革委　教育部
科技部　国防科工委　国家民委　公安部
国家安全部　监察部　民政部　司法部
财政部　人事部　劳动保障部　国土资源部
建设部　铁道部　交通部　信息产业部
水利部　农业部　商务部　文化部
卫生部　人口计生委　人民银行　审计署

第二章 满怀希望的起步

1. 百万农奴得解放

布达拉宫是西藏首府拉萨市的重要标志。“布达拉”译为舟岛，是梵语音译，又译作“普陀罗”或“普陀”，原指观世音菩萨所居之岛。布达拉宫是历世达赖喇嘛的冬宫，也是过去西藏地方统治者政教合一的统治中心，从五世达赖喇嘛起，重大的宗教、政治仪式均在此举行，同时又是供奉历世达赖喇嘛灵塔的地方。

当首都北京隆重举行开国典礼的时候，国民党尚有一百多万的军队，盘踞在以广州为中心的华南地区、以重庆为中心的西南地区以及沿海的一些岛屿上。因此，解放全中国就成为新中国面临的首要任务。

在解放全中国的历史进程中，西藏的和平解放具有重要的意义。

西藏位于祖国的西南边陲，面积120多万平方公里，约有100余万人口，战略位置十分重要。西藏自古以来就是中国领土不可分割的一部分。藏族人民是中华民族大家庭中的一员。然而到了18世纪末，英国的侵略势力侵入西藏，勾结和控制西藏上层统治集团，使西藏一直保持着政教合一的封建农奴制度。贵族、官家（即政府，藏语音译噶厦）、寺院三位一体，构成西藏地区的统治集团。百万农奴在农奴主的残酷压迫下，过着牛马不如的生活。

对于西藏问题，中国共产党的立

中国印记

达赖喇嘛和班禅额尔德尼是西藏喇嘛教的两大活佛。清朝统一全国后，为了有效地对西藏进行管理，先后赐封达赖和班禅，在确定二者在西藏宗教、政治上地位的同时，还规定以后历世达赖和班禅都必须经过中央政府的册封。

公元1772年，清政府开始设置驻藏大臣。驻藏大臣代表中央政府，与达赖、班禅共同管理西藏。清政府还建立了达赖、班禅转世的“金奔巴”（“奔巴”，藏语，“瓶”的意思）制度。按照喇嘛教的规定，达赖或班禅死时出生的婴儿，被认为是达赖或班禅的“转世灵童”，可以继承他们的职位。但是，如果同时出生了几个“灵童”，就难以确定继承权。为了解决这个问题，“金奔巴”制度规定，凡遇到达赖、班禅转世，由驻藏大臣把“灵童”的姓名、出生年月日分别写在签上，投入皇帝颁赐的金瓶中，然后由喇嘛诵经七日，届时在驻藏大臣的监督下抽签，抽中的“灵童”就成为达赖或班禅的合法继承人。这样，达赖和班禅的确定权便控制在清政府手中。

清朝中央政府对达赖和班禅的赐封成为定制，达赖和班禅的封号一直延续到今天。

场是一贯的。西藏是中国的领土，绝不允许任何外国侵略。西藏人民是中国人民一个不可分离的组成部分，绝不允许任何外国的分割。1949年9月7日，《人民日报》发表署名文章，指出中国共产党主张各民族一律平等，实行团结互助；保护少数民族利益，尊重其风俗习惯和宗教信仰自由。希望西藏人民团结起来，摆脱帝国主义束缚，准备迎接人民解放军解放西藏。

1949年，在中国大陆大部分省区解放后，广大藏族同胞和上层爱国人士热切盼望西藏回到祖国的怀抱。羁留青海的十世班禅额尔德尼·确吉坚赞，于1949年10月1日致电中央人民政府主席毛泽东和人民解放军总司令朱德，明确表示拥护中央人民政府，要求解放军早日解放西藏。

没有谁比西藏人民更能体会到西藏和平解放的意义。西藏的和平解放，结束了西藏近代以来遭受帝国主义、殖民主义侵略的历史，一度离散的游子重新回到母亲的怀抱。1951年10月26日，藏民高举五星红旗，欢迎中国人民解放军进驻拉萨。

然而，以摄政达扎·阿旺松绕为首的西藏地方政府上层分裂分子，抗拒人民解放军解放西藏。英国的侵略势力也极力支持西藏的反动势力，积极策划西藏独立。1950年1月，在英、美帝国主义分子的挑动下，西藏地方当局企图派出一个非法的“亲善使团”赴美、英、印度等国活动，以表明其“独立”。针对这一事件，中央人民政府外交部发言人发表谈话，严正指出西藏是中华人民共和国的领土，中央人民政府将不能容忍拉萨当局这种背叛祖国的行为，任何接待这种非法“使团”的国家将被认为是对中华人民共和国抱有敌意。同时，中央人民政府指出：如果西藏地方当局派出代表赴京谈判和平解放西藏问题，中央表示欢迎；若是派出非法使团到各国进行背叛祖国的分裂活动，中央是不容许的。在中央人民政府外交部提出严重抗议后，英、美等国也致电西藏地方政府，要求撤回代表团，西藏地方政府不得已将代表团召回拉萨。

但是，西藏地方当局并不甘心失败，一方面指使派往北京的谈判团长期滞留国外，另一方面从国外购买了大量武器弹药，扩军备战，组织应变机构，设立“外交局”，成立藏军司令部、军饷收发局。达扎为阻止解放军进藏，将西藏地方政府的大部分军队调集到昌都一带，妄图凭借金沙江天险顽抗。

与此同时，印度政府也曾三次照会中华人民共和国政府，污蔑中国人民解放军进军西藏是“入侵”，并进行无理干涉；美国也利用联合国干涉中国人民解放军解放西藏。对此，中国政府发表了义正词严的声明：“西藏是中国的内政问题，任何外国无权过问。”“中国军队必须到达西藏一切应到的地方，无论西藏政府愿意谈判与否及谈判结果如何，任何外国对此无置喙的余地。”

中国政府一方面做好了进军西藏的准备工作，另一方面继续进行和平解放西藏的努力。在此期间，西藏同胞中的一些爱国人士也为实现西藏和

1959年4月，周恩来总理迎接十世班禅额尔德尼活佛进京。新中国领导人对西藏自治区的重视，不仅体现在政策上，也体现在真诚热烈的欢迎气氛中。

平解放而奔走。1950年5月，西南军政委员会委员、西康省（1952年划入四川）人民政府副主席格达·洛桑丹增活佛致电朱德，主动请命入藏劝说十四世达赖喇嘛丹增嘉措接受中央政府和平解放西藏的方针，却遭到正在那里策划藏军阻止解放军进军西藏的英国特务福特和昌都行政当局的迫害。他们将格达活佛一行软禁起来，要他们承认共产党是毁灭宗教的，格达活佛断然拒绝了他们的要求。他说："我只知道共产党主张民族区域自治，保护宗教信仰自由，尊重少数民族的风俗习惯。"

格达活佛的正义激怒了反动分子。他们偷偷地在格达活佛的茶中下了毒。1950年8月22日，格达活佛圆寂。

中央人民政府在迫不得已的形势下命令人民解放军向藏军发动进攻。1950年10月的昌都战役后，达扎摄政下台，由17岁的十四世达赖亲政。在中央人民政府的一再号召和西藏广大爱国僧俗的敦促下，达赖于1951年2月28日作出决定，派出以阿沛·阿旺晋美为首的西藏地方政府代表团赴京就和平解放西藏事宜同中央人民政府进行谈判。

西藏地方政府代表团到京后，中央人民政府指派以李维汉为首的中央政府代表团于4月29日开始与之谈判。双方经过充分协商，于5月23日达成和平解放西藏的17条协议。主要内容有：驱逐帝国主义势力出西藏，西藏回到祖国大家庭中来；西藏地方政府积极协助人民解放军进入西藏；西藏人民有实行民族区域自治的权利；西藏现行政治制度和达赖喇嘛的固有地位及职权不予变更，各级官员照常供职；班禅额尔德尼的固有地位及职权，应予维持；尊重西藏人民的宗教信仰自由和风俗习惯，保护喇嘛寺庙；藏军逐步改编为人民解放军；逐步发展西藏民族的语言、文字和教育，逐步发展西藏的经济，改善人民生活；西藏地方政府应自动进行改革；西藏地区的一切涉外事宜由中央人民政府统一处理；中央人民政府在西藏设立军政委员会和军区司令部等。

17条协议的签订，宣告西藏和平解放。1951年8月8日，中央人民政府驻西藏代表抵达拉萨。10月26日，人民解放军胜利进驻拉萨。

西藏的和平解放，粉碎了帝国主义侵略和分裂西藏的图谋，为西藏百万农奴的彻底解放打下了坚实的基础，给西藏人民带来了光明的前途。至此，除台湾及其附近岛屿外，中国大陆全部解放，标志着祖国大陆实现了统一。

西藏解放纪念碑。1959年3月28日，中央政府宣布解散西藏地方政府，由西藏自治区筹备委员会行使西藏地方政府职权，使百万农奴翻身获得了解放。2009年1月19日，西藏自治区九届人大二次会议投票决定，将每年的3月28日设为西藏百万农奴解放纪念日。2009年3月28日，在西藏百万农奴获得解放的第50个年头，中华民族迎来了首个西藏百万农奴解放纪念日。

2. 抗美援朝　保家卫国

新中国成立伊始，正当中国人民为建设自己的新家园而努力奋斗的时候，人民共和国却面临着外部入侵的严重威胁。

1950 年 6 月 25 日拂晓，朝鲜战争爆发。

南北朝鲜分立，是第二次世界大战结束时美国、苏联军队在朝鲜以北纬 38° 线（以下简称“三八线”）为界分别接受日军投降的结果。1948 年 8 月 15 日，南朝鲜李承晚在美国的支持下，建立大韩民国。9 月 9 日，朝鲜北方在金日成的领导下，建立朝鲜民主主义人民共和国。从此，形成了朝鲜南北分裂的局面。苏军和美军分别于 1948 年 12 月和 1949 年 6 月撤走后，南北朝鲜之间军事斗争不断，最终爆发战争。

朝鲜战争爆发后，美国迅速做出反应。6 月 27 日，美国总统杜鲁门公开宣布美国武装援助南朝鲜，干涉朝鲜内政。同时命令其海军第七舰队开进台湾海峡，侵占我国领土台湾。

9 月 15 日，麦克阿瑟率领的“联合国军”5 万余人在朝鲜西海岸仁川登陆。28 日占领汉城。30 日，南朝鲜军队越过三八线北上。10 月 1 日，麦克阿瑟通过广播发出最后通牒，要求朝鲜民主主义人民共和国无条件投降。当晚，金日成约见中华人民共和国驻

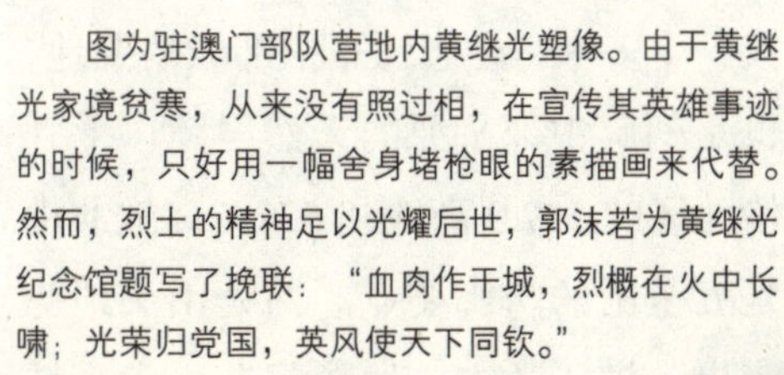

图为驻澳门部队营地内黄继光塑像。由于黄继光家境贫寒，从来没有照过相，在宣传其英雄事迹的时候，只好用一幅舍身堵枪眼的素描画来代替。然而，烈士的精神足以光耀后世，郭沫若为黄继光纪念馆题写了挽联：“血肉作干城，烈概在火中长啸；光荣归党国，英风使天下同钦。”

本来只是朝鲜中部金化郡五圣山南麓一个小村庄的上甘岭，却在 1952 年 10 月的一场激烈争夺战之后名扬天下，成为一座丰碑。1956 年，长春电影制片厂将《上甘岭》搬上了大银幕，重现了这一段史诗般的峥嵘岁月。

朝鲜大使，希望中国尽快派兵支援。金日成还派人前往北京向中华人民共和国领导人当面提出上述请求。

与此同时，美国将战火烧到鸭绿江、图们江边。美国飞机多次轰炸扫射东北边境城乡，炮击中国商船，严重威胁我国人民的生命财产安全。中共中央政治局经反复研究，最终作出抗美援朝，保家卫国的战略决策。

1950 年 10 月 8 日，毛泽东发布命令，将东北边防军改为中国人民志愿军，立即向朝鲜境内出动，协同朝鲜军队与侵略者作战并争取光荣的胜利。1950 年 10 月 19 日，中国人民志愿军由安东（今丹东）、长甸河口和辑安（今集安）跨过鸭绿江入朝作战。10 月 25 日首次对敌，抗美援朝战争正式开始。

1952 年 10 月，美军为迫使中朝方面接受其无理要求，发动“金化攻势”，主要是对上甘岭阵地发动大规模进攻。上甘岭是朝鲜中部的一个山村，位于金化以北五圣山南麓。五圣山海拔一千多米，是志愿军中部战略要地，也是朝鲜中部平原的天然屏障。上甘岭地区的 597.9 高地和 537.7 高地北山是五圣山的防御要点。两处山头地势突出，楔入敌方，地形复杂，山高坡陡，可钳制金化，直接威胁敌人的金化防线。对于美军来说，要夺取五圣山，必先夺取这两个高地。拿下这两处高地，就可以在志愿军的中央打开一个缺口，然后发挥坦克的优势直接冲击平原地带。因此，美军就将占领上甘岭的两处高地作为战略重点，以增加其谈判筹码。

10 月 14 日凌晨 3 时，美军突然以众多的航空兵、炮兵火力向上甘岭两个高地进行第一轮长达两个小时的猛烈轰炸。随后，动用 7 个营的兵力在 300 余门大炮、30 余辆坦克、40 余架飞机的支援下，对面积仅有 3.7 平方公里的两个山头发动连续不断的猛烈冲击。

上甘岭战役历时 43 天。我志愿军依托坑道，坚守阵地，发扬革命英雄主义精神，打退敌人 670 次冲锋，歼敌 2.5 万人，上演了一幕成功的阻击战，最终完成了遏制敌人攻势的作战任务。

上甘岭战役是一场异常惨烈的战斗，涌现出一大批可歌可泣的人民英雄，黄继光就是其中的一个典型代表。1952 年 10 月 18 日，597.9 高地和 537.7 高地表面均被敌占领，形势对于我军相当严峻。当天夜晚，指挥员秦基伟命令两个连秘密投入坑道并机动至待机位置。次日晨，在火箭炮齐射及大量炮火掩护下，由坑道突然发起冲锋，迅速恢复 597.9 高地的三个阵地。但就在胜利在望的时候，附近零号高地敌人的一个火力点突然开火，致使志愿军遭受重大伤亡。负责正面进攻的 6 连，全连只剩下 16 个人，具有战斗力的仅为 9 人。在这千钧一发的关键时刻，22 岁的黄继光主动要求

在上甘岭战役中，涌现出了大批英模，邱少云就是其中的杰出代表。出生四川铜梁县一个贫农家庭的邱少云 1951 年赴朝鲜作战。为了不暴露我军潜伏的目标，他咬紧牙关，忍受着烈火烧身的剧烈疼痛，直到牺牲也没有发出一声呻吟。我国已故的著名女书法家肖娴手书了献给邱少云烈士的挽联："是真烈士，乃大英雄。"

参加三人爆破小组。临出发前，黄继光摘下胸前的抗美援朝纪念章交给参谋长，高声说："请告诉祖国人民，请告诉慰问团的同志们，听我们胜利的消息吧！"说完，转身大踏步离去。爆破小组在战友的掩护下扑了上去，炸掉敌人两个火力点。但是其中的一个同志牺牲了，黄继光和另一个战友也负伤倒地。这时，敌人地堡里的机枪更加疯狂，子弹如雨点般射向志愿军。志愿军被敌人的火舌压制住了，寸步难行。见此情景，黄继光忍着剧痛，从侧面接近地堡，突然伸开双臂扑向喷着烈焰的射击口。顿时，敌人的机枪哑巴了。趁此机会，志愿军呐喊着冲了上去。战士们沿着黄继光用生命打开的通道，一直冲到制高点，收复全部阵地。

从 10 月 14 日到 11 月 25 日，敌我双方在上甘岭地区不足 4 平方公里的两个高地上，展开了长达 43 昼夜的攻防争夺战。美军和李承晚军先后投入 6 万人，火炮 300 门，坦克近 200 辆，飞机 3000 余架次，发射炮弹 190 余万发，投掷炸弹 5000 余枚。在如此狭小的地段集中如此密集的火力，山头几乎被削低了两米，山上的岩石被炸成一米厚的粉末。走在高地上，就像踩在松土堆上，半个身子都会陷下去。整个山头被炸成了红色，寸草不生，人们称之为"红山头"。

在上甘岭战役中，中国人民志愿军经受住了考验，取得了战役的最后胜利，歼敌 2.5 万余人，击落击伤敌

1953 年 7 月 27 日，朝鲜停战协定在板门店签字，砂川河畔的这个小村庄从此被载入史册。板门店也因此有了另一个名字——"停战村"。

机 270 架，击毁击伤大口径火炮 61 门、坦克 14 辆。对此，美国新闻界评论认为上甘岭战役实际上变成了朝鲜战争的“凡尔登”，即使使用原子弹也不能将狙击岭（即 537.7 高地）上和爸爸山（即五圣山）上的中国人民志愿军全部消灭。

此后，美军再也没有发动过类似上甘岭战役规模的进攻。相反，为配合停战谈判斗争，中朝军队从 1953 年 5 月 13 日至 7 月 27 日，先后进行了三次反击作战，歼敌 12.3 万人，收复 240 平方公里的土地，迫使美国侵略者不得不于 7 月 27 日在板门店同中朝方面代表正式签署《关于朝鲜战争军事停战的协定》。这样，历时 3 年零 32 天的朝鲜战争随之结束。“联合国军”总司令克拉克在停战协定上签字时和他的属僚说：“美国上将在一个没有打胜的停战书上签字，这在美国历史上是第一次。”

抗美援朝战争的胜利，打破了美帝国主义不可战胜的神话，振奋了世界人民的反帝斗争精神；抗美援朝战争的胜利，保卫了中朝两国的独立和安全，维护了远东和世界的和平；抗美援朝战争的胜利，极大地激发了中国人民的民族自豪感，提升了中国的国际地位，为新中国的建设创造了一个相对稳定的和平环境。

抗美援朝战争，使中朝两国人民结下了深厚的友谊。作家魏巍采写的朝鲜战场通讯《谁是最可爱的人》轰动国内外，从此志愿军战士也被中朝人民称为“最可爱的人”。

3. 翻身农民做主人

在进行抗美援朝战争的同时，从1950年冬到1953年春，华东、中南、西南、西北等新解放区开展了大规模的土地改革运动。

中国是一个农业大国，农民占总人口的80%。千百年来，农民最渴求的就是拥有自己的土地。然而，旧中国的封建土地制度极为不合理。占农村人口不到10%的地主、富农，占有70%—80%的土地，占农村人口90%的贫农、雇农和中农，却只占有20%—30%的土地。他们终年辛苦劳作，却受尽剥削，过着不得温饱的生活。因此，解决农民的土地问题就成为中国共产党民主革命的奋斗目标。在新中国成立前，已有1.2亿农业人口的老解放区进行了土地改革。新中国成立后，党就开始着手解决新解放区的土地问题。

新解放区的土地改革，从总体上分为两个阶段。从1949年冬到1950年6月，是边准备边土改阶段。从1949年冬季开始，在已经具备土改条件的华北城市近郊和河南省、陕西省部分新解放区进行土地改革。同时，党中央和人民政府开始着手全国土地改革的准备工作。经过反复酝酿和不断修改，1950年6月，中央人民政府委员会通过和颁布了《中华人民共和国土地改革法》。随后，政务院颁布了《农民协会组织通则》、《关于划分农村阶级成分的决定》、《关于土地改革中一些问题的决定》，为新解放区土地改革的全面展开提供了法律和政策依据。

从1950年6月到1952年12月，是新解放区土地改革全面铺开阶段。从1950年6月开始，大规模的土地改革运动在新解放区全面展开。根据

中国纪事

土地改革不仅铲除了几千年的封建制度，而且有力地提高了农民的阶级觉悟，改变了农民的精神面貌。土地改革为很多作者提供了很好的创作素材。周立波在1948年完成的长篇小说《暴风骤雨》曾荣获1951年度斯大林文学奖三等奖。小说描写了东北地区一个名叫元茂屯的村子1946-1947年土地改革的全过程。生动地描绘了解放战争时期广大解放区农村伟大的土地改革运动的真实情景，热情地歌颂了在党的领导下农民奋起推翻封建主义的疾风暴雨式的革命斗争。此外描写土地改革的著名小说还有丁玲的《太阳照在桑乾河上》等。

《中华人民共和国土地改革法》的规定，土地改革的目的是废除地主阶级封建剥削土地所有制，实行农民的土地所有制，以解放农村生产力，发展农业生产，为新中国的工业化开辟道路。没收地主的土地及其公地，由乡农会统一、公平合理地分配给无地少地及缺乏其他生产资料的贫苦农民，地主也分给同样一份。保护工商业者，保存富农所有的自耕和雇人耕种的土地及其财产，保护中农（包括富裕中农）的土地及其他财产不受侵犯。

土地改革不仅提高了全国粮食产量，还大大调动了农民的生产积极性。有了自己土地的农民喜上眉梢，压在农民身上几千年的大山终于被中国共产党推翻了。

《中华人民共和国土地改革法》的突出特点是：将过去征收富农多余的土地财产，改变为保存富农经济。《土地改革法》规定，保护富农所有自耕和雇人耕种的土地及其财产；富农出租的小量土地一般也保留不动；半地主式富农出租大量土地，超过其自耕和雇人耕种的土地数量者，征收其出租的土地。这样做更能孤立地主，保护中农，可以稳定民族资产阶级，又有利于早日恢复农业生产。

新解放区土地改革的总路线是："依靠贫农、雇农，团结中农，中立富农，有步骤有分别地消灭封建剥削制度，发展农业生产。"

1953年春，中国大陆除西藏、新疆等少数民族聚居区外，土地改革都已顺利完成。全国有3亿多无地少地的农民无偿地获得了约7亿亩的土地和大量生产资料，免除了每年向地主交纳的约350亿公斤粮食的地租。翻身得解放的农民欢天喜地，有人说："过去头顶地主的天，脚踏地主的地，现在都成为我们的了。”有人甚至用民歌唱出自己的心声，“分了地，出了气，翻了身，见了天”。

耕耘自己土地的农民，生产积极性空前高涨。他们用节衣缩食省下来的钱兴修水利，增施肥料，购买耕畜和农具，推动了农业生产的发展，最明显的表现是农村耕地面积迅速扩大。农民的生活得到明显改善。有人总结说：“土地改革后，一年够吃，二年添用具，三年有富余。”据统计，土改后的农民收入比 1949 年增加了 79.8%。

土地改革的完成，消灭了在中国延续几千年的地主阶级土地所有制，广大农民成为农村人民政权的支柱，进一步巩固了人民民主专政的国家政权。

翻身得解放的广大农民，积极组织各种学习活动。冬学、夜校、扫盲班，成为那个时代最流行的学习方式。男女老幼齐上阵，一股学习之风涌动在农村大地，极大地促进了农村文化事业的发展。

新中国成立初期的土地改革运动，犹如一阵春风拂过华夏大地。湖南某村的农民分田委员会门口挤满了迫不及待的农民——祖祖辈辈辛勤耕耘的农民终于要拥有自己的土地了，怎能不欢欣鼓舞呢？

4. 过渡时期总路线

在新中国建立前后，中国共产党的设想是：先经过一段时间新民主主义社会的发展，等到工业和整个国民经济得到恢复，社会主义因素大大增加，向社会主义社会过渡条件成熟后，再实行资本主义工商业的国有化和个体农业的集体化，一举消灭生产资料私有制，进入到社会主义社会。

1949 年新中国成立，标志着新民主主义革命取得了基本的胜利，标志着半殖民地半封建社会的结束和新民主主义社会在全国范围内的建立。这时，全国还没有完全解放，新解放区的土地改革还没有进行，连年的战争使国民经济遭受严重破坏，中国人民同帝国主义、封建主义的矛盾仍然是社会的主要矛盾。因此，中国共产党决定在民主革命遗留任务彻底完成和国民经济基本恢复之前，先不急于明确提出向社会主义过渡的任务。

但是随着实践的发展，中共中央对于如何向社会主义过渡的认识发生了变化。

新中国成立后，国家没收了掌握旧中国经济命脉的官僚买办资本，建立起国营经济。因此，国营经济实际上已经成为新中国经济的主体。1952 年，我国恢复国民经济的工作胜利完成，工农业生产达到或超过了历史最高水平，为下一步迅速发展国民经济打下了坚实的基础。党中央开始着手制订第一个五年计划（以下简称“一五”计划）。而社会主义国营经济是支持国家财政，稳定经济局势，保障人民根本利益的主要经济力量，也是中国基础工业的主体，是“一五”计划主要任务的承担者。因此，扩大国营经济就成为历史的必然。

在农村，刚刚经过土地改革，便出现了土地集中和雇工的现象，出现

国民经济和社会发展“五年计划”（又称“五年规划”）是中国国民经济发展规划的一部分，主要是对全国重大建设项目、生产力分布和国民经济重要比例关系等作出规划，为国民经济发展远景规定目标和方向。中国除了 1949 年到 1952 年底为国民经济恢复时期和 1963 年至 1965 年为国民经济调整时期外，从 1953 年第一个“五年计划”开始，已经编制出了十一个“五年计划”。

图为公私合营的强声电机厂工人在生产电风扇。公私合营，是新中国成立初期党和政府对工商业进行调整过程中实行的、富于创造性的国家资本主义形式之一。作为资本主义工商业改造的最初步骤，对以后的工商业发展起到了积极的作用。

了贫富分化的迹象。而且，落后分散的个体经济很难进行农田水利建设，难以实现农业的现代化，也难以满足工业化日益增长的需要。于是，在一些地方开始建立各种生产互助合作组织。这些互助合作组织在帮助农民克服困难、增加生产、改善生活等方面发挥了重要的作用。这些在实际工作中积累起来的农业互助合作经验，已经成为对个体农业改造的最初步骤。

此外，新中国建立初期，正值东西方冷战时期。当时的世界被划分为两大阵营，即以美国为首的资本主义阵营和以苏联为首的社会主义阵营。以美国为首的资本主义国家对新中国采取了敌对的政策，即政治上孤立我们，经济上封锁我们，军事上威胁我们。与此相反，我们得到了苏联等社会主义国家的援助。因此，我们在建设初期就不可避免地受到苏联社会主义建设经验和经济制度的深刻影响，这也是促使党中央提出开始向社会主义过渡的一个因素。

正是随着国内外形势的发展变化，随着实际工作经验的积累，毛泽东敏锐地看到向社会主义过渡的问题。在经过深思熟虑之后，他提出了社会主义过渡时期总路线。即：“从中华人民共和国成立，到社会主义改造基本完成，这是一个过渡时期。党在这个

20世纪50年代的世界，第二次世界大战的乌云刚刚散去，冷战的大幕又从瓦砾废墟上缓缓拉开。美国和苏联这一对超级大国，展开全方位的竞赛，试图用它们的影响力控制整个世界。

美国与西欧国家组成了北大西洋公约组织（简称北约）。作为对抗，苏联则将大多数东欧国家集结在一起，共同组建了华沙条约组织这一共同防御性实体。这两个组织中的任何一个成员国如果遭受攻击，则视为对整个组织的挑衅，该组织的所有成员国将立刻对挑战国发动最严厉的反击。

美苏冷战在一定方面对中国经济发展造成了一定影响，中国坚持以第三世界为外交依托，努力加强同发展中国家的团结和合作，维护其权益和利益，使双方关系在争取建立国际政治、经济新秩序的过程中不断改善，也使中国的国际地位得到提高。

过渡时期的总路线和总任务，是要在一个相当长的时期内，逐步实现国家的社会主义工业化，并逐步实现国家对农业、手工业和资本主义工商业的社会主义改造。”1954年9月，第一届全国人民代表大会，用法律的形式把过渡时期总路线作为全国人民在过渡时期的总任务确定下来，写入中华人民共和国宪法。

过渡时期总路线为全党和全国人民指明了社会主义革命的方向和途径，解决了在中国这样一个东方大国如何实现向社会主义过渡的问题，成为团结和动员全国人民共同建设一个伟大的社会主义新中国的行动纲领。

5. 工业化，实现强国梦

编制和执行发展国民经济第一个五年计划，是贯彻和执行党在过渡时期总路线和总任务的重大步骤，也是我国社会主义工业化起步的标志。

实现工业化，是我们党的既定目标。早在抗日战争时期，毛泽东就曾指出："中国落后的原因，主要的是没有新式工业。日本帝国主义为什么敢于这样地欺负中国，就是因为中国没有强大的工业。""要打倒日本帝国主义，必须有工业；要中国的民族独立有巩固的保障，就必需工业化。我们共产党是要努力于中国的工业化的。"

第一个五年计划的时间是从 1953 年到 1957 年，基本任务是：集中主要力量进行以苏联帮助我国设计的 156 个建设单位为中心的、由限额以上 694 个建设单位组成的工业建设，建立我国的社会主义工业化的初步基础；发展部分集体所有制的农业生产合作社、手工业合作社，建立对农业和手工业社会主义改造的初步基础；基本上把资本主义工商业分别纳入各

1956 年 7 月 15 日，长春第一汽车制造厂生产出中国第一辆解放牌汽车，从此结束了中国不能生产汽车的历史。第一批"解放"车排成长列开出厂门的时候，全厂职工夹道欢呼。

种形式的国家资本主义轨道，建立对私营工商业社会主义改造的基础。

“一五”计划体现了优先发展重工业的特点。这一方面是深受苏联社会主义建设经验的影响，另一方面主要是因为中国的工业基础非常薄弱。这种落后的状况，只有靠优先发展重工业才能改变。

“一五”计划坚持了自力更生为主，争取外援为辅的方针。“一五”计划的制订和实施，得到了苏联政府和人民的大力支持。“一五”计划就是以苏联帮助设计规划的项目为主体的。每一个项目从技术设计到建筑安装，从资金支持到资源勘探，从厂址选择到人员培训，都得到了苏联政府和人民的帮助。据统计，从苏联来华工作的技术专家达3000人。同时，我国派往苏联的留学生和实习生达12000人。中苏两国人民之间建立起深厚的友谊，这种友谊历久弥坚，在中苏人民友谊史上谱写了光辉的篇章。尽管我们得到了苏联政府的大力援助，但我们总的原则仍然是坚持自力更生为主。计划规定，五年建设所需要的资金，主要还是要靠国内的积累，大部分工程设计、设备，由国内承担。

“一五”计划充分反映了中国人民要求迅速改变我国贫穷落后面貌，把我国建设成为先进工业国的迫切愿望。全国人民意气风发，全身心地投入到社会主义建设的大潮中。工人阶级是新中国工业化建设的主力军，他们努力增产节约，开展劳动竞赛，后来升级为全国范围的技术革新运动。据统计，1955年全国职工提出53万件发明、技术改革和合理化建议，实

自建成伊始，武汉长江大桥的存在便超越了单纯的交通意义。它不仅是新中国工业史上的一座丰碑，还与晴川阁、莲花湖、黄鹤楼遥相辉映，成为长江天堑上一道亮丽的风景线。

施的有23万件，仅其中6万多件全年节约和创造价值就有9000多万元。一大批先进工作者、劳动模范涌现出来，王崇伦、郝建秀是那个时代最响亮的名字。

工业战线喜报频传。1953年底，鞍山钢铁公司的三大重点工程——大型轧钢厂、无缝钢管厂、七号炼钢炉举行开工生产典礼，首批竣工投入生产，成为新中国工业化起步具有划时代意义的标志。随后，包头钢铁公司、武汉钢铁公司也先后开始施工建设，开创了在中国内地建设大型钢铁基地的先河。1956年，长春第一汽车制造厂建成投产，揭开了中国汽车制造工业崭新的第一页，结束了中国没有自

宝成铁路是新中国第一条工程艰巨的铁路。施工过程中打穿了上百座大山，填平数以百计的深谷，所用的土石方数量可绕地球赤道一周半以上。愚公移山和精卫填海的神话，被新中国的设计者和建设者们变成了现实。

1952年11月22日，鞍山钢铁公司炼钢厂在苏联专家帮助下，创造了6小时9分钟炼一炉钢的平炉炼钢全国新纪录。喜报传来，举国为之欢腾，毛泽东主席特为此写信给鞍钢全体职工，予以表彰和鼓励。

己的汽车制造业的历史。1956年，新中国制造的第一架喷气式战斗机首次试飞成功。这种被命名为“56式”（1964年改为歼－5飞机）战斗机的试制成功，是我国航空工业发展史上的一座里程碑，它标志着我国走上了独立制造空军武器装备的道路。1956年，中国第一个制造机床的沈阳第一机床厂建成投产。1957年，武汉长江大桥建成通车，一桥飞架南北，天堑变通途。与此同时，青藏、康藏、新藏公路相继建成通车，将内地和西藏紧密地联结起来。

“一五”计划的建设规模宏大，发展速度空前。在发展规模方面，五年中，国家计划在经济建设和文化教

中国纪事

从1913年起，中华民国政府就计划在平汉铁路以西建造一条南北干线，联结黄河上游与长江上游之间的铁路交通，进行过多次踏勘，因工程浩大而未动工兴建。1936年－1948年，又经过多次勘测比较，曾选定天水至成都方案，计划称天成铁路，也未动工兴建。

新中国成立之初，对天水至略阳和宝鸡至略阳两段又进一步勘测，选定宝鸡至成都的方案。

1952年7月1日，宝成铁路正式从成都端动工；1954年1月，宝鸡端开始施工；1956年7月12日，两端于甘肃黄沙河接轨。1958年1月1日，宝成铁路正式通车，全线采用蒸汽机车牵引，正式运营。1958年6月，宝成铁路进行电气化改造工程；1960年6月，建成宝鸡至凤州段工程；1967年开始进行剩余部分改造；1975年7月1日全线完成电气化改造，宝成铁路宝鸡至凤州段，是中国的第一条电气化铁路。

1958 年 2 月，毛泽东亲临一汽视察时，对陪同他视察的一汽第一任厂长饶斌说："什么时候能坐上我们自己生产的小轿车呀？"从此，一汽工人上下一条心，提出"乘'东风'展红旗，造出高级轿车去见毛主席"的口号。同年 4 月份，在中国汽车人日夜兼程的努力之下，第一辆国产轿车诞生了。

根据毛泽东的著名论断"东风压倒西风"，该车有了一个响亮的名字——"东风"。20 世纪 60 年代，第二汽车制造厂成立，之后改名为东风汽车公司。"东风"两字一直被沿用至今。

育建设的投资总额是 766.4 亿元，相当于 7 亿多两黄金，这在中国历史上是空前的壮举。在发展速度上，工业总产值年均递增 14.7%，其中现代工业年均递增 15.3%，是世界上罕见的高速度。

发展社会主义新式工业，离不开人才。而人才的培养，又离不开教育。1949 年 12 月 16 日，中央人民政府政务院第 11 次政务会议根据中共中央政治局的建议，通过了《关于成立中国人民大学的决定》。1950 年 10 月 3 日，以华北大学为基础合并组建的中国人民大学举行隆重的开学典礼，成为新中国创办的第一所新型正规大学。图为人大青年学子在教学楼前合影。

6. 宪法：一切权利属于人民

1954年9月15日，第一届全国人民代表大会第一次会议在北京中南海怀仁堂隆重举行。

列宁曾说过："什么是宪法？宪法就是一张写着人民权利的纸。"毛泽东亲自参加了新中国第一部宪法的起草工作，他广泛阅读和研究了世界各类宪法，并要求参加讨论宪法稿的中央政治局成员也这样做。这是中共最高领导层第一次如此系统地学习法律，对新中国的法制建设具有重大意义。

1200多名来自祖国各地的全国人大代表，怀着喜悦激动的心情，肩负着全国人民的重托，走进神圣的殿堂，行使国家主人的权利。

毛泽东主持开幕式并致开幕词。

毛泽东在开幕词中向全国人民提出了今后我们国家的总任务：团结全国人民，争取一切国际朋友的支援，为了建设一个伟大的社会主义国家而奋斗，为了保卫国际和平和发展人类进步事业而奋斗。

他号召全国人民努力工作，"准备在几个五年计划之内，将我们现在这样一个经济上文化上落后的国家，建设成为一个工业化的具有高度文明程度的伟大的国家"。

他强调指出：领导我们事业的核心力量是中国共产党。指导我们思想的理论基础是马克思列宁主义。

他满怀信心地宣布："我们正在做我们的前人从来没有做过的极其光荣伟大的事业。我们的目的一定要达到，我们的目的一定能够达到。"

当毛泽东讲到这里，全场响起热烈的掌声，经久不息。

第一届全国人民代表大会历时14天，主要有三项议程：一是审议宪法；

二是听取和讨论政府工作报告；三是选举新的国家领导工作人员。

大会在完成上述三项议程后，于9月28日胜利闭幕。

第一届全国人民代表大会的召开，充分显示了新中国政治上的民主性质和全国人民在民主基础上的高度团结。大会通过的《中华人民共和国宪法》及各项法规，集中体现了全国人民的意志，为加强人民民主制度，建立社会主义法制奠定了初步基础。会议确定的人民代表大会制度，成为我国的根本政治制度，得到全国人民的热烈拥护。

宪法明确规定，中华人民共和国是工人阶级领导、以工农联盟为基础的人民民主国家。中华人民共和国的一切权利属于人民。人民行使权利的机关是全国人民代表大会和各级地方人民代表大会。

宪法对全国人民代表大会、中华人民共和国主席、国务院、地方各级人民代表大会、民族自治机关、人民

新中国法制建设的逐渐完善，给人民生活带来了便利和幸福安定。图为1952年，山东省的一对青年男女在区公所办理结婚登记手续。

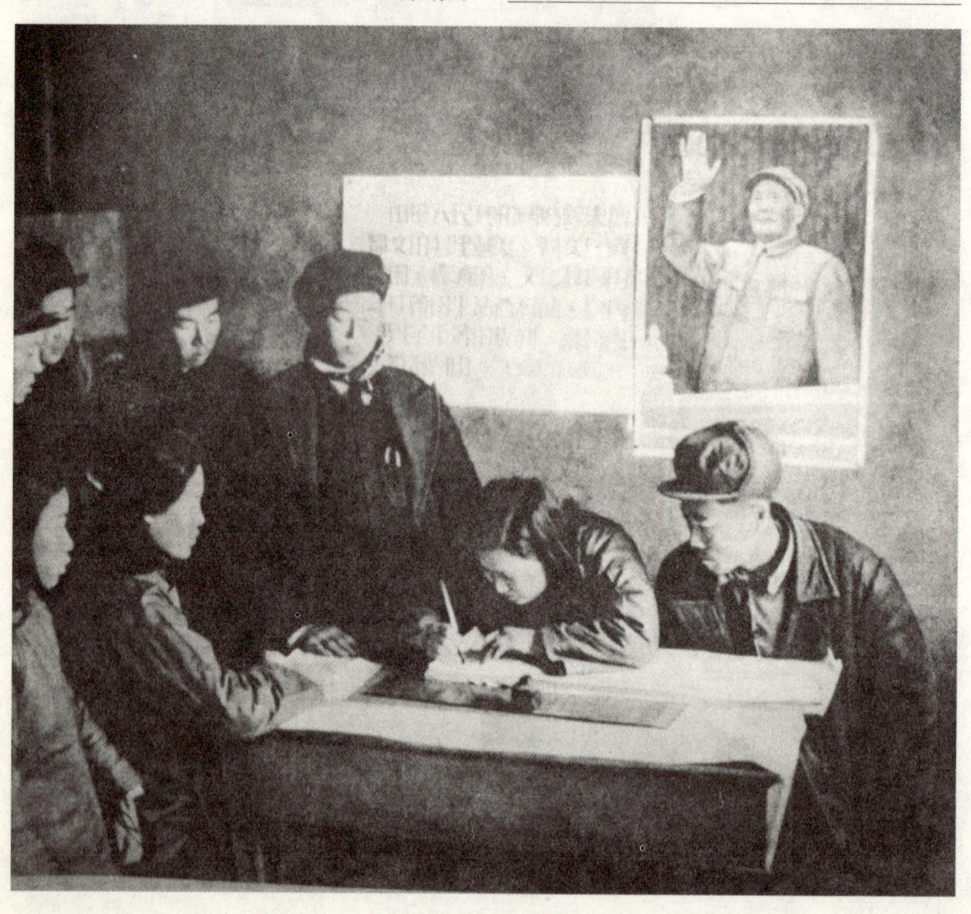

1954年对中国的意义非比寻常，除了《中华人民共和国宪法》的成功颁布和实施，1954年4月26日，在日内瓦召开的寻求和平解决朝鲜问题的会议上，中国第一次以五大国之一的身份和地位参加讨论国际问题。会议通过了《日内瓦会议最后宣言》等文件。同年还诞生了一个重大的外交成果——和平共处五项原则。

法院和人民检察院的任务和职权，作了明确的规定：全国人民代表大会是最高国家权力机关和唯一国家立法机关，常务委员会为常设机关。常务委员会和国家主席结合行使国家元首职权。国家主席统帅全国武装力量。国务院是最高国家权力机关的执行机关，为最高国家行政机关，对全国人民代表大会负责并报告工作。最高人民法院是最高审判机关，对全国人大及其常委会负责并报告工作，人民法院独立进行审判，只服从法律。最高人民检察院对国务院所属各部门、地方各级国家机关、国家机关工作人员和公民是否遵守法律，行使检察权，对全国人民代表大会负责并报告工作。

宪法规定了公民的基本权利和义务，规定中华人民共和国公民在法律面前一律平等；有言论、出版、集会、结社、游行、示威、宗教信仰、居住和迁移的自由；人身自由不受侵犯，通信秘密受法律保护；享有劳动、休息、受教育、从事科学研究和文艺活动，对违法失职国家工作人员进行控告等权利或自由；妇女享有同男子平等的权利。同时，公民有遵守宪法法律、劳动纪律、公共秩序及社会公德，爱护和保卫公共财产，依照法律纳税、依照法律服兵役等义务。

宪法规定了国旗、国徽、首都，规定中华人民共和国的国旗为五星红旗；国徽是五星照耀下的天安门，周围是谷穗和齿轮；首都是北京。

《中华人民共和国宪法》用国家根本大法的形式将人民民主的原则和社会主义的原则固定下来，科学总结历史经验，把原则性和灵活性结合起来，充满了民主的精神追求，具有广泛的群众基础，得到全国人民的热烈欢迎和一致拥护。

7. 三大改造，国有化进程

三大改造，即中华人民共和国建立后，中国共产党领导的对农业、手工业和资本主义工商业的社会主义改造。也就是说把小生产者和资本家的私人所有制改造成为集体所有制和国家所有制。这是一场建立以公有制为基础的社会主义制度的深刻社会变革，从1953年到1956年，仅仅用了4年时间。

在实现生产资料由私有制向公有制变革的历史过程中，中国创造了具有中国特色的社会主义改造道路，即农业、手工业通过合作化的道路，实现由生产资料私有制到集体所有制的转变；资本主义工商业通过国家资本主义的途径，实现由生产资料私有制到国家所有制的转变。

全国土地改革完成后，解放前无地少地的贫苦农民分到了土地，生产积极性空前高涨，农业生产力获得很大解放，农村经济开始出现复苏的景象。但是，这种分散落后的个体私有经济力量薄弱，增长缓慢。针对这种情况，党中央提倡将农民组织起来，通过互助合作，解决农村两极分化的难题。

为了引导农民走互助合作的道路，1952年4月，中央人民政府组织了中国农民代表参观团赴苏联参观访问，代表团成员主要是全国著名的农业劳动模范。他们回国后，以亲身所见所闻对苏联农业集体化的优越性进行了广泛的宣传。

全国农业劳动模范李顺达说：“苏联集体化的农业真好。苏联地大，经过集体化之后，把土地集中起来，能够充分使用劳动力和机器。从苏联的经验看来，要集体化就把小块土地连成大块，要制造大机器，要把劳动力组织起来。”

在党的引导下，广大农村进行了广泛深入的互助合作教育，全国互助合作运动有了很大发展。到1952年底，全国组织起来的农户已占农户总数的40%，并成立了近4000个农业生产合作社，创办了十几个集体农庄(即高级社)。

1955年夏季以后，农业合作化运动加速发展，出现了农业合作化高潮。到1956年底，农业合作化基本完成。加入合作社的农户占全国农户总数的

中国纪事

李顺达（1915–1983），中共党员，全国劳动模范。祖籍河南省林州市合涧镇东山底村，15岁逃荒要饭来到山西平顺县西沟村。抗日战争爆发后，他担任西沟村的民兵队长。1943年2月6日，他建立了在全国成立较早的农业劳动互助组。他组织民兵参战队，先后参加了解放山西长治县和豫北汤阴县等十多次战斗。

1946年，边区政府号召山区群众植树造林，李顺达自费购买山桃、山杏、核桃等树苗种在山坡山沟里。同年，西沟村废除了封建土地制度，他领导制订了五年经济恢复发展计划，推动了全村农业生产的发展。1948年，平顺县人民政府为其住处悬挂了“劳动英雄”的牌匾。建国后这块牌匾被运往北京，一直在中国革命历史博物馆展出。1952年，上级批准李顺达等28户农民办农林牧生产合作社，他被选为社长。由于他所领导的合作社实行了男女同工同酬和合理的“六定一奖”计酬办法，大大激发了社员的热情和干劲。秋后，粮食亩产比互助组时期增加了三十多公斤，粮食又一次获得了大丰收。当年，李顺达被中央人民政府授予爱国丰产“金星奖章”，成为全国著名的劳动英雄。

96.3%，其中参加高级社的农户达到87.7%。

我国对个体农业的社会主义改造，按照积极发展、稳步前进的方针，坚持自愿互利、典型示范、国家帮助的原则，采用逐步过渡的方法，走出了一条先集体化、后机械化的道路。

农业社会主义改造的完成，使汪洋大海般的农民个体经济变成了集体经济，农民个体所有制变成了社会主义集体所有制，五亿多农民走上了社会主义道路，总的来说是成功的。但也存在着要求过急、改变过快、工作过粗、形式过于简单划一的缺点和偏差，以致遗留了一些问题。

在农业社会主义改造的同时，国家对手工业也进行了社会主义改造。对手工业的社会主义改造，采取的也是积极领导、稳步前进的方针，组织形式是由手工业合作小组、手工业供销合作社到手工业生产合作社，步骤是从供销合作入手，由低级到高级，逐步实行社会主义改造和生产改造。到1956年底，全国手工业生产合作社发展到10多万个，入社的手工业者占全体手工业人员的91.7%，基本实现了对手工业的社会主义改造。

从总体上来看，手工业的社会主义改造是成功的，获得了重要的经验。但是，改造后期出现了发展过快、合并过多、统一计算盈亏等不利于手工业发展的缺点和问题，致使某些手工业产品出现质量下降、品种减少的现象，特别是某些服务行业合并过多，给人民生活带来了许多不便。

我国对农业、手工业的社会主义改造，也推动了资本主义工商业社会主义改造的步伐。

中国的资本主义分为官僚资本主义和民族资本主义两部分。由于官僚资本主义同帝国主义、封建主义勾结在一起，建国后党和政府对其采取没收的政策，将其变为国营经济。而民族资本主义经济是我们在民主革命时期保护的经济形式，因为它虽然具有不利于经济发展的一面，但也存在有利于经济发展的方面。同样的，民族资产阶级在社会主义改造时期也具有两面性，既有剥削工人取得利润的一面，又有拥护宪法、愿意接受改造的一面。因此，对于民族资产阶级，我们是把他们当做朋友，在团结他们的同时，用和平赎买的方法逐步改造他们。

我国对民族资本主义工商业的改造是通过国家资本主义的途径来实现的。在我国，国家资本主义就是社会主义国营经济同私人资本合作的经济，按照其中社会主义因素的多少等状况，又分为初级和高级形式。高级形式的国家资本主义就是公私合营。实行公私合营以后，原来的资本主义企业同社会主义经济的联系已经不仅限于流通领域，而是深入到生产领域。社会主义经济在企业中已经具有决定意义的作用了。

1956 年 1 月 10 日，北京市资本主义工商业全部实行了公私合营。接着，上海、天津、武汉、广州等 118

上海百年老字号“信大祥”绸布店换上了公私合营的招牌。到 1956 年年底，全国基本完成了对农业、手工业、资本主义工商业的社会主义改造，建立了社会主义基本制度，一代代人为之前赴后继的理想终于成为了现实。

个大中城市在 3 月末以前也先后实行了全行业的公私合营。到 1956 年底，全国私营工业户数的 99%，私营商业户数的 82.2%实现了公私合营，这标志着资本主义工商业的社会主义改造基本完成。

我国对资本主义工商业改造的胜利完成，原因是多方面的，主要是中国共产党坚持把马克思恩格斯提出的和平赎买政策与中国的实际相结合，创造性地提出了符合中国国情的改造政策，另一方面是因为资产阶级中的进步分子和大多数人在接受改造时起了有益的配合作用。

当时被誉为中国的“煤炭大王”、“火柴大王”、“企业大王”的民族资本家刘鸿生，在 1956 年 9 月曾对记者这样讲：“你问我为什么拥护共产党？我是一个企业家，我的企业，无论是水泥、毛纺、码头、火柴、煤矿、银行业目前都在发展着，规模都远较过去大得多。共产党能推动企业，能使中国变成工业化的国家，这是我过去 50 年的梦想，我为什么不拥护它？”

上海申新棉纺印染厂总管理处总经理荣毅仁的话也很有代表性。他说：“解放前夕，我们一家对共产党的到来是感到惶恐的。我们几个兄弟中，有的跑到泰国去办厂，有的躲到香港去了。我父亲因为恨透了帝国主义和国民党，坚决不愿意离开祖国。我也不愿意做‘白华’，和他一道留下来了。我们企业的流动资金当时已经枯竭，解放以后又受到美国和国民党的封锁和轰炸。这个时候申新能够维持生产，全部依靠爱护民族工商业的中国共产党和人民政府的贷款、加工和收购，依靠职工群众的团结和积极性。政府帮助我们建立了总管理处，统一领导过去分散经营的各个工厂，并且指导我们逐步改进经营管理。”“初级的国家资本主义形式，就使我们的企业摆脱了解放初期的窘迫局面。而我弟弟在泰国办的工厂却破产了。”

对资本主义工商业改造的成功，标志着我国已经基本消灭了资本主义剥削制度和资产阶级，这就为生产力的发展开辟了广阔的前景。

第三章　百折不挠的探索

1. 社会主义向何处去

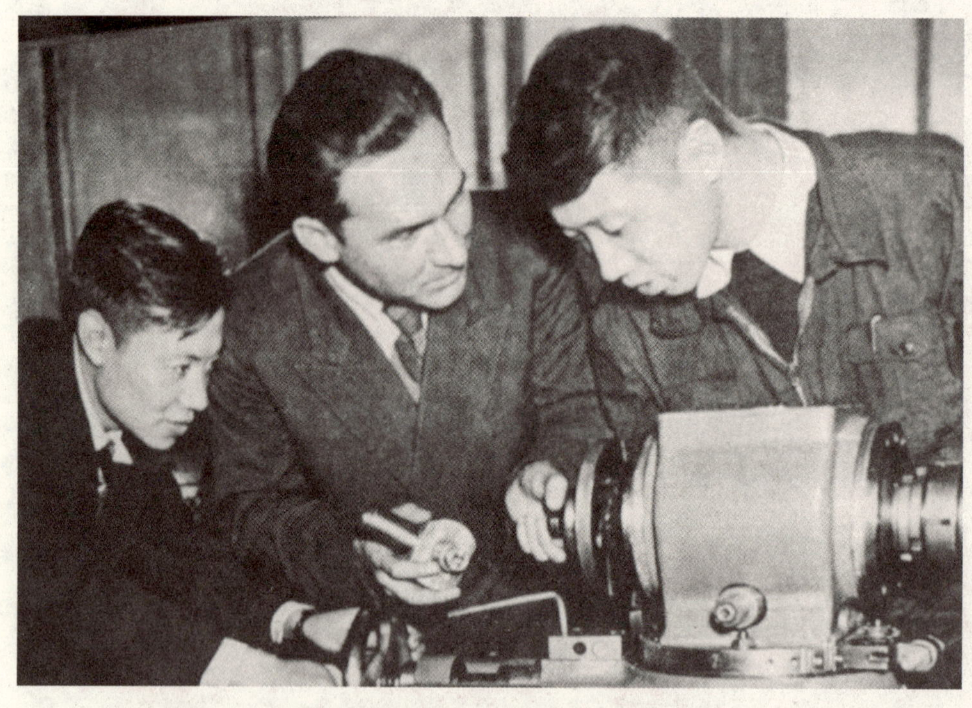

20 世纪 50 年代初期，“老大哥”苏联曾经对年轻的新中国提供过大量帮助，两国结下了兄弟般的友谊。图为 1954 年，我国派工人前往苏联学习先进的生产技术。

1956 年对于共和国来说，是一个特殊的年份。在这一年，中国实现了生产资料私有制的社会主义三大改造，基本确立了社会主义制度，实现了历史上最深刻的社会变革。

1956 年对于国际共产主义运动来说，同样也是不平凡的年份。2 月，苏联共产党第二十次全国代表大会在莫斯科克里姆林宫召开。赫鲁晓夫在他所作的《关于个人崇拜及其后果》的报告中，着重揭露和批判了斯大林七个方面的错误。

一石激起千层浪。赫鲁晓夫的报告一经披露，立刻在全世界引起强烈的震动。西方资本主义国家乘机掀起反苏、反共、反社会主义的浪潮。社

苏联共产党第二十次代表大会于 1956 年召开，是苏联历史乃至国际共产主义历史的一个重要转折点。会上主要批判了对斯大林的个人迷信，还提出“三和”的新理论，对世界形势产生了重大的影响。

会主义国家的人们则开始对照本国的现实，反思自己国家的社会主义建设。毛泽东明确提出，“过去我们就是鉴于苏联的经验教训，少走了一些弯路，现在当然更要引以为戒”。正是在“以苏为鉴”思想的指引下，党的第一代中央领导集体开始了对社会主义建设道路的探索。

实践证明，中国共产党人对社会主义建设道路探索的开端很好，取得

“百花齐放，百家争鸣”的方针激励了献身新中国科学事业的科学家，更激发了人民艺术家的创作热情。今天，1957 年首演的《茶馆》，已成为戏剧舞台上常演不衰的经典作品。

了积极的成果，主要体现在毛泽东的《论十大关系》讲话、中共八大的决策和毛泽东《关于正确处理人民内部的矛盾问题》讲话。

1956年9月15日，正值北京秋高气爽的时节，中国共产党第八次全国代表大会在中南海怀仁堂隆重举行。中共八大，是中国共产党在新中国成立以后召开的第一次全国代表大会，也是在重要历史转折关头决定共和国向前发展方略的一次重要会议。出席大会的代表1026人，代表党员1073万人。社会主义国家、欧美资本主义国家和亚非拉地区的各国共产党和工人党，大都派了代表团参加。国内的各民主党派负责人也应邀出席了大会。中共八大是有着重大历史功绩的一次党的代表大会。大会初步解决了我国社会主义建设中的一些重大问题，是探索我国社会主义建设道路的一个重要里程碑。中共八大的路线是正确的，它为社会主义事业的发展指明了方向。它提出的许多新方针、新设想是富于创造精神的，对于探索中国自己的社会主义建设道路作出了重要贡献。

1956年的中国，一切都是新鲜的。对于社会主义建设道路的探索是全方位的，既有《论十大关系》那样宏观的思考，又有中共八大那样战略高度的决策。与此同时，人们社会生活的细微之处也悄然发生着变化。

1月，国务院公布了《汉字简化方案》，简体字得以推广。

2月，国务院发出《关于推广普通话的指示》，提出推广以北京语音为标准音，以北方话为基础方言，以典型的现代白话文著作为语法规范的普通话，并要求从1956年秋季起，除少数民族地区外，全国中、小学语文课内一律开始教学普通话。

4月，毛泽东在中共中央政治局扩大会议上提出了“百花齐放，百家争鸣”的方针。“双百”方针的提出，使广大知识分子欢欣鼓舞。

普通话，即“现代标准汉语”，是现代中华民族共同语，是中国走向世界的标识语言。普通话以北京语音为标准音，以北方话为基础方言，以典范的现代白话文著作为语法规范。

其中所说“北方话”，亦称“北方方言”，是汉语八大方言（北方方言、吴方言、湘方言、赣方言、客家方言、闽北方言、闽南方言、粤方言）之一。

我国是一个多民族、多方言的国家，推广普及普通话有利于增进我国各民族的交流与往来，增强中华民族的凝聚力，而且有利于增强我国在国际社会中的影响力。为此，《中华人民共和国宪法》第19条规定：“国家推广全国通用的普通话。”2000年10月31日，全国人大又审议通过《国家通用语言文字法》，其十九条中明确规定：“以普通话作为工作语言的播音员、节目主持人和影视话剧演员、教师、国家机关工作人员的普通话水平，应当分别达到国家规定的等级标准。”

2. 回望"三面红旗"

1957年4月，中国共产党根据八大关于加强执政党建设的决定，在全党范围开展了以正确处理人民内部矛盾问题为主题，以反对官僚主义、宗派主义和主观主义为内容的整风运动。这次整风实行开门整风，号召党内外群众帮助共产党整风。从5月初到6月初，中共中央统战部先后召开13次邀请民主党派负责人和无党派民主人士参加的座谈会，征求他们对共产党的工作及国家政治生活的意见和建议。

有极少数资产阶级右派分子，乘机"大鸣大放"，从根本上攻击共产党对国家和人民的领导作用，攻击社会主义制度。他们把共产党在国家政治生活中的领导地位攻击为"党天下"，要求"轮流坐庄"；他们竭力抹杀社会主义改造和建设的成绩，根本否定社会主义制度的优越性；他们还把人民民主专政制度说成是产生主观主义、官僚主义和宗派主义的根源。有的甚至散布煽动性言论，鼓动一些不明真相的人上街闹事。

这些反党反社会主义的言论，引起了毛泽东的警觉。毛泽东写了《事情正在起变化》，要求全党认清阶级斗

岁月流转，老照片上的人物走过了动荡的年代，老照片上的字迹依然清晰："全县养猪百万头，每人养猪三口。"而今，这面墙应该早已斑驳，褪去了那个时代的痕迹。

2007年11月29日，江西省遂川县草林镇楠木村黄屋祠堂发现一题为《快马加鞭》的大型壁画，画中描绘的人物形象逼真，奔马腾空飞跃。不难断定，《快马加鞭》绘于“大跃进”时期。

争形势，注意右派的进攻。6月8日，中共中央发出组织力量反击右派进攻的党内指示，《人民日报》发表题为《这是为什么?》的社论。一场全国规模的群众性的反右派运动全面展开。

对极少数右派分子的进攻进行坚决的反击是完全正确的和必要的，但是反右派斗争被严重地扩大化了。到1958年运动结束时，全国划定的右派分子达55万人，其中绝大多数属于错划。其严重的后果是，一方面使国家的政治生活出现了一种不正常的气氛，严重影响了社会主义民主法制建设，另一方面使一大批出于善意向共产党提出批评和建议的干部、知识分子和爱国民主人士长期受到压抑和打击。

反右派斗争严重扩大化的另一个严重影响，是1957年召开的中共八届三中全会开始改变党的八大关于社会主要矛盾的正确判断，认为当前国内的主要矛盾仍然是无产阶级和资产阶级、社会主义道路和资本主义道路的矛盾。

如果说1957年的反右派斗争扩大化是中国共产党在指导思想上重大失误的开始，那么，1958年的“大跃进”运动和人民公社化运动则是在发展生产力和变革生产关系上的重大失误。

20世纪50年代的中国人民，以无限的热情投入到新中国建设的热潮中，创造了一个又一个“新中国第一”。“一五”时期所取得的成就，远远超过旧中国的一百年。广大人民群众热切盼望过上幸福美好的生活，这种愿望激发出巨大的热情和干劲，也滋生了一种不顾客观现实和经济规律盲目大干快上的“左”倾情绪。一切都在加速发展，原计划 18 年完成的社会主义改造，结果只用了 7 年。“一五”计划于 1956 年提前完成，1957 年超额完成。

在这样的大好形势下，党中央及地方不少领导人逐渐产生了骄傲自满、急躁冒进的情绪。1958 年 5 月的中共八大二次会议确定了“鼓足干劲，力争上游，多快好省地建设社会主义”的总路线。全国很快就掀起了一场迅速发展生产力的社会实验，这就是大跃进运动。

“大跃进”的主要表现是片面追求工农业生产和建设的高速度，不断大幅度地提高和修改经济计划，制定不切实际的高指标。例如，在农业生产方面，原定用 12 年时间完成的目标，中央提出争取用 7 年时间完成，而各省市又一再缩短时间，有的提出用 5 年，有的提出用 3 年，河南省甚至提出 1 年实现。

高指标、浮夸风日益泛滥开来，成为 1958 年农业“大跃进”最显著的特征。1958 年夏收期间，各地不断报高产，放“卫星”。

为什么称之为放“卫星”呢？原来，1957 年 10 月 4 日和 11 月 3 日，苏联成功地发射了两颗人造地球卫星，标志着人类探索太空的新创举。塔斯社评论说：新的社会主义社会的人民，以自己解放的自觉劳动，已将人类最大胆的梦想变成现实。

在“大跃进”的年代里，中国人借用“卫星”来比喻超常规的“高产纪录”。实际上，这些纪录并不是真实的，往往是人们胡吹乱编的。

当时的新闻媒体大量报道了各地

大跃进中，曾放出许多农作物高产“卫星”，农作物动辄亩产上万斤。

图为 1958 年在十三陵水库施工现场义务劳动的人们。1958 年修建完成的十三陵水库，位于北京市昌平县境内，因建在明十三陵南面而得名。紫色的安山岩护坡上，是汉白玉石块镶砌的毛泽东主席亲笔题字，带着新中国十年建设大刀阔斧的气概。

放“卫星”的情况，对“大跃进”运动推波助澜。例如，1958 年 6 月 8 日，报纸率先报道了河南省遂平县放出的小麦亩产 1052.5 公斤的卫星。此后“卫星”越放越大，小麦亩产高达 4292.5 公斤，水稻亩产高达 65217 公斤。《人民日报》还曾报道了一个高产典型河北省徐水县人民公社，计划发射“高产卫星”，一亩红薯 60 万公斤、一棵白菜 250 公斤、一亩小麦 6

万公斤、一亩皮棉2500公斤。

浮夸风带来了严重的后果，它使很多人产生了错误认识，以为中国的农业问题已经解决了，应该转移到工业上来，于是“大跃进”之风由农业转到了工业。

8月17日，中共中央北戴河会议号召全党和全国人民用最大的努力，为在1958年生产1070万吨钢而奋斗！这个指标比1957年我国钢产量535万吨增加了一倍。其实，当时，全国的钢产量只完成了450万吨。在余下的4个月时间里，需要生产620万吨钢。显然，这是一个不可能完成的任务。

为了达到这个指标，《人民日报》连续发表了一系列的社论，号召全国上下一切部门为生产1070万吨钢“停车让路”，保证钢铁生产的需要。于是，以“小（小高炉）、土（土法炼钢）、群（群众运动）”为特征的全民大炼钢铁运动席卷神州大地。

据统计，到1958年9月，全国有5000万人直接从事冶炼工作，建立各种规模、大小不一的小高炉、土高炉60万座。到12月，大炼钢铁的人数达到9000万。与此同时，有2000万人在从事找矿、挖煤、交通运输、后勤保障等工作。

经过几千万人四个月的日夜奋战，到1958年底，我国的钢铁产量达到了1108万吨。但实际上有300万吨是土钢，基本不能使用，合格的钢产量不足800万吨，还不到原计划的3/4。

在全民大炼钢铁的日子里，电力、交通、水利、文教等各行各业也都开展了“全民大办”，竞相发射“卫星”。就连科学研究、写诗作画，都要“大跃进”，放“卫星”。文化部要求群众文化活动要做到：人人能读书，人人能写诗，人人能唱歌，人人能绘画，人人能跳舞，人人能表演，人人能创作。有的地方甚至提出了每个县出一个“鲁迅”和“郭沫若”的口号。

以全民大炼钢铁为高潮的“大跃进”运动，给国民经济造成了严重的后果。我国农业、轻工业生产1959、1960年两年连续下降，只有重工业在冒进。1958年秋收大忙季节，强壮的劳动力全部抽去大炼钢铁，致使许多庄稼烂在地里，造成了丰产不丰收的现象。人民生活则出现了连续三年的严重困难。此外，为了大炼钢铁，全国到处滥砍滥伐，许多郁郁葱葱的山峦转眼间化为一片荒野，生态平衡遭

到了吃饭的时间，人们捧着自家的饭碗到公社办的公共食堂吃大锅饭，吃多少都不要钱。有些地方甚至声称要消灭家庭，实现军事化，男人女人分开集体居住。并要求所有社员的私有财产充公，因而有部分农民赶在公社化前杀猪、砍树。

受了严重的破坏。

1958年7月1日，《红旗》杂志发表陈伯达的文章《全新的社会，全新的人》，传达了毛泽东关于人民公社的设想。文章说："把一个合作社变成一个既有农业合作又有工业合作的基层组织单位，实际上是农业和工业相结合的人民公社。"第一次公开提出了人民公社的名称。

7月，河南省遂平县卫星社根据《红旗》杂志刊登的毛泽东讲话，建立起全省第一个人民公社，河南省其他各县也都开始试办人民公社。

8月上旬，毛泽东到河北、河南、山东等农村视察时，对河南新乡县七里营人民公社大加赞赏，说"人民公社名字好"。他还概括人民公社的特点为"一曰大，二曰公"。在山东视察时又说："还是办人民公社好。"从此，"人民公社好"传遍祖国的大江南北、长城内外，各地纷纷创办人民公社。

人民公社化运动的实质是试图在生产力不发达的基础上建立一个平等、平均、公平的社会。然而，这只能是一种超越社会发展阶段的空想。在人民公社化的过程中，高指标、瞎指挥、浮夸风、共产风盛行，使我国农村经济陷入了混乱的状态。粮食、油料、食品供应出现严重不足的局面，影响了整个国民经济的协调发展，人民群众的生活陷入困境。

社会主义建设总路线、大跃进和人民公社总称为社会主义建设的"三面红旗"，实际上却是探索中国自己的社会主义道路建设过程中的严重失误。这"三面红旗"不仅没有推动生产力的发展，展现社会主义制度的优越性，相反却造成农业生产的大幅度下降，国民经济比例严重失调。这一时期是共和国经济发展历史记录最差、经济增长率最低、经济波动系数最大的时期。由于粮油等食品严重短缺，人民生活十分困难，不少地区出现了浮肿病甚至病饿而死等严重现象。

大跃进和人民公社运动中"左"倾错误造成的严重后果，日渐暴露出来。中央领导人通过对农村工作的视察，发现人民公社在许多方面存在混乱现象，立即开始着手纠正已经认识到的"左"倾错误。但是，纠正"左"倾错误经历了一个反反复复的过程。其间曾取得一些成果，但最终错误的认识逐渐占了上风，直至走上"文化大革命"的歧途。

1959年至1961年的"三年自然灾害"时期，发生了建国以来范围最大、影响最深、持续时间最长的自然灾难，是建国60年中自然灾害史上最严重的时期。三年受灾面积远远超过任何一次自然灾害，国民经济和人民生活遭受了极其惨重的损失和近乎毁灭性的破坏。

3. 高歌猛进，英模辈出

从 1956 年社会主义改造基本完成，到 1966 年“文化大革命”爆发，是全面建设社会主义的十年，也是在实践中探索社会主义建设道路的十年。这十年，是犯了错误又取得伟大成就的十年。错误，是在探索中国自己的社会主义建设道路过程中犯下的；成就，是在纠正错误中特别是在纠正错误以后取得的。

十年间，我国工业建设发展迅速，工业生产能力大幅度提高，工业布局有了改善，初步建立了有一定规模和技术水准的工业体系，为社会主义现

经过十年的生产建设，新中国的农业机械化程度明显提高。

代化建设奠定了物质技术基础。

十年间，我国农业的基本建设和技术改造开始大规模展开，并逐渐收到成效。1966 年的粮食产量比 1956 年增长 11%；棉花产量增长 61.9%；甘蔗增长 31.8%。农业机械化程度明显提高。1965 年底全国拥有的大中型农用拖拉机比 1956 年增长 36.2%；拥

大寨是山西省一个贫穷的小山村，大寨人战天斗地的精神成为一个时代的象征。1964 年毛主席发出“农业学大寨”的号召，大寨一跃成为全国农业的一面旗帜。

中国印记

郭凤莲可以说是一位传奇式人物。1964 年，年仅 16 岁的郭凤莲就已经是“铁姑娘队”的队长；她同男社员一样斗天斗地，改变家乡落后面貌，成了那个特定历史时期中的一个家喻户晓的人物，曾受到毛泽东、周恩来等老一辈无产阶级革命家的热情接见和赞扬。1973 年 6 月，26 岁的郭凤莲成为大寨党支部书记，走上了人生中的第一个高峰。然而时光转眼滑到 1978 年，十一届三中全会的劲风让绝大多数中国农民选择了与大寨全然不同的发展道路，大寨执掌了 16 年的中国农村建设大旗从郭凤莲手中悄然滑落。1980 年 9 月，她默默地离开了为之奋斗了近 17 年的大寨。而在 1991 年 11 月 15 日，离开了 11 年的郭凤莲又一次被任命为大寨村第 8 任党支部书记，她开始带领大寨进行第二次创业。她走南闯北，卖煤炭，办水泥厂，请专家，学习经营，学习商业谈判。在走过了一段五味杂陈的创业路之后，2007 年，大寨村经济总收入 1.2 亿元，比 1980 年增长了 600 倍，距离 1992 年她在上海时的那个百万元梦想，大寨已经走得很远了，大寨终于完成了从昔日“政治品牌”到今朝“经济品牌”的转身。

有农用载重汽车增长1.9倍。

大寨是这个时期农业战线树立的一面旗帜，“农业学大寨”是当时最响亮的口号。大寨是位于太行深处的一个小村子。自然条件很差，全村802亩土地，大小4760多块儿，分布在七沟八梁一面坡上。严重的水土流失，使大寨的农业生产经常遭受洪涝灾害，粮食产量很低。但大寨人硬是凭扁担、箩筐、镢头、铁锨，在土石山上开沟造地，平整田亩，蓄水保墒，抗旱防涝，用秸秆还田，增施农家肥等办法，改良了土壤，改变了恶劣的生产条件，使粮食产量逐年上升，穷山沟变成了米粮川。

科学技术事业也取得了显著的成绩。到1965年底，专门的科学院研究机构达到1714个，专门从事科学研究的人员达到12万人。

1959年9月，在中国地质学家独创的石油地质理论和方法指导下，在东北松辽盆地陆相沉积岩中发现了工业性油流。经过3年的艰苦会战，到1963年终于建成了大庆油田。大庆油田的发现和建设过程中的地球科学工作，是现代地球科学发展的一个重要标志。

1964年10月16日14时59分40秒，中国西部寂静的罗布泊上空突然出现了一道耀眼的白光，一团巨大的

大庆油田是献给成立10周年的新中国的一份厚礼。1959年9月26日16时许，松嫩平原上一座名为“松基三井”的油井里喷射出了黑色油流，“大庆”这个名字，从此叫响全国，传扬世界。年轻的新中国，也就此创造了世界油田开发史上的奇迹。

一朵蘑菇云，终于圆了新中国两弹元勋们的强国之梦。

火球腾空而起，巨大的冲击波狂风般地向周围卷去。紧接着，震耳欲聋的响声如同阵阵惊雷，轰隆隆划破长空。雷鸣声过后，雪白的浓雾在空中翻卷，浓烟夹杂着巨大的尘柱滚滚上升。在茫茫的大漠之上，一朵美丽的蘑菇云冉冉升起。中国的第一颗原子弹爆炸成功！

1965年5月，中国成功进行了核弹空投爆炸试验，标志着中国拥有了用于实战的核武器。

这些成果集中代表了我国科学技术在当时达到的新水平，有力打破了超级大国的核垄断和核讹诈，提高了中国的国际地位。

在全面开始建设社会主义的十年，中国人民以极大的热情投入到社会主义建设的伟大事业中，各行各业涌现出一大批英雄模范人物。雷锋、焦裕禄、王进喜、邓稼先、欧阳海、王杰、向秀丽、麦贤得……这些响亮的名字是那个时代精神的象征，激励着一代又一代的年轻人将青春献给祖国母亲。

新中国建设的十年，社会各界涌现出大批英模人物。图为 1964 年毛泽东亲切接见钱学森、陈永贵。

时传祥："宁肯一人臭，换来万户香。"

时传祥 "宁肯一人臭，换来万户香"，这可以说是对这位全国劳动模范最真实的写照。作为一名普通的掏粪工人，时传祥用一颗朴实的心记住了一个平实的道理：掏粪也是社会主义建设事业的一部分。1959年他被选为全国劳动模范，成为全国环卫工人的楷模。

王进喜 大庆工人、共产党员，在开发大庆油田的会战中，以“宁肯少活20年，拼命也要拿下大油田”的意志，发扬一不怕苦，二不怕死的精神，带头艰苦奋战。在三九严寒，到处冰天雪地，气温达到零下40度的时候，王进喜和工友们一起忍饥受冻，硬是靠人拉肩扛，把60多吨的设备搬到现场，将40多米的井架、钻机矗立在杳无人烟的北大荒。

在以王进喜为代表的石油工人的不懈努力下，到1963年大庆油田会战结束后，中国石油结束了用“洋油”的时代，实现基本自给。而王进喜身上所表现出来的那种自力更生、艰苦创业的精神，那种胸怀全局、忘我劳动的品格，那种认真负责、埋头苦干的作风，真实体现了中国工人阶级的优秀品质。

井喷中的铁人王进喜。诞生于特殊时代背景下的“铁人精神”，有其丰富的内涵，它是一面旗帜，凝聚着工人阶级的朴素情感；它是一种力量，凸显了一种坚韧不拔的创业勇气；它是一种标志，凝缩着一个大无畏的民族气概。

焦裕禄精神的影响，早已跨越了兰考，走出了河南，催生了一批又一批焦裕禄式的好干部。

焦裕禄 1962年12月调河南省兰考县任县委副书记。兰考县地处豫东，自然条件十分恶劣。那一年，兰考县遭受了内涝、风沙、盐碱三大自然灾害的侵袭，粮食产量下降到历史的最低水平。一批批饥饿的兰考人，不得不选择逃离自己的家园，外出逃荒。

焦裕禄一上任，首先抓干部的思想工作。他带领县委委员来到灾民聚集的火车站，体察灾民的困苦。他说，灾民是我们的阶级兄弟，他们背井离乡去逃荒，这是我们没有尽到责任。党把36万的兰考群众交给我们，而我们却不能领导他们战胜灾害，应该感到羞耻和痛心！

此时的焦裕禄身患肝癌，但他全然不顾自己的身体，组织全县干部学习《为人民服务》、《愚公移山》等毛主席著作，勉励大家像张思德、白求恩那样工作。在焦裕禄的带领下，兰考县制订了改造兰考自然的宏伟蓝图，决心在三五年的时间内取得治沙、治水、治碱的基本胜利，基本改变兰考的旧面貌。

焦裕禄拖着病痛的身体，坚持工作，直到1964年5月14日逝世，年仅42岁。焦裕禄逝世后，《人民日报》发表社论，号召广大党员、干部向焦裕禄同志学习。

“活着我没有治好沙丘，死了也要看着你们把沙丘治好！”这是焦裕禄最后的遗言。

雷锋 1940年12月出生于湖南省望城县（今长沙）一个贫苦农民家庭。8岁时成为孤儿。解放后雷锋上了小学，1956年参加工作。1959年冬，雷锋应征入伍成为一名解放军战士。1960年11月，加入中国共产党，不久任班长。1962年8月15日上午，雷锋在执行任务时，因公殉职，年仅22岁。

雷锋的一生是短暂的，但却是闪光的。他在日记中写道："人的生命是有限的，可是，为人民服务是无限的，我要把有限的生命，投入到无限的'为人民服务'之中去。"雷锋是这样说的，也是这样做的。他经常利用节假日到车站、码头、工地上帮忙，为集体、为群众做了大量好事。他为人谦虚，做好事不留名，受到表扬不骄傲。群众赞誉道："雷锋出差一千里，好事做了一火车。"

雷锋生活俭朴，把节省下来的津贴或者帮助有困难的战友，或者支援灾区建设。他带病参加抚顺地区抗洪抢险，坚持奋战七昼夜，直到战胜洪魔。

雷锋干一行，爱一行，在平凡的岗位上做出了不平凡的业绩。在部队两年零八个月的生活里，他荣立二等功一次，三等功两次，受嘉奖两次。

"对待同志要像春天般的温暖，对待工作要像夏天一样火热，对待个人主义要像秋风扫落叶一样，对待敌人要像严冬一样残酷无情。"这是雷锋在日记中写下的话语，也是他人生的真实写照。

雷锋因公殉职后，国防部批准雷锋生前所在班为"雷锋班"。1963年3月5日，毛泽东等中央领导人为雷锋题词，号召全国人民"向雷锋同志学习"。全国新闻媒体大量报道了雷锋的先进事迹。一时间，学雷锋，做好事，蔚然成风，形成了热火朝天的学雷锋运动。

此后，一首《学习雷锋好榜样》更是传唱大江南北，激励了无数中华儿女，立志像雷锋同志一样做永不生锈的螺丝钉，默默为人民服务。直到今天，每年的 3 月 5 日，各地都会积极开展各种活动，传承雷锋精神。

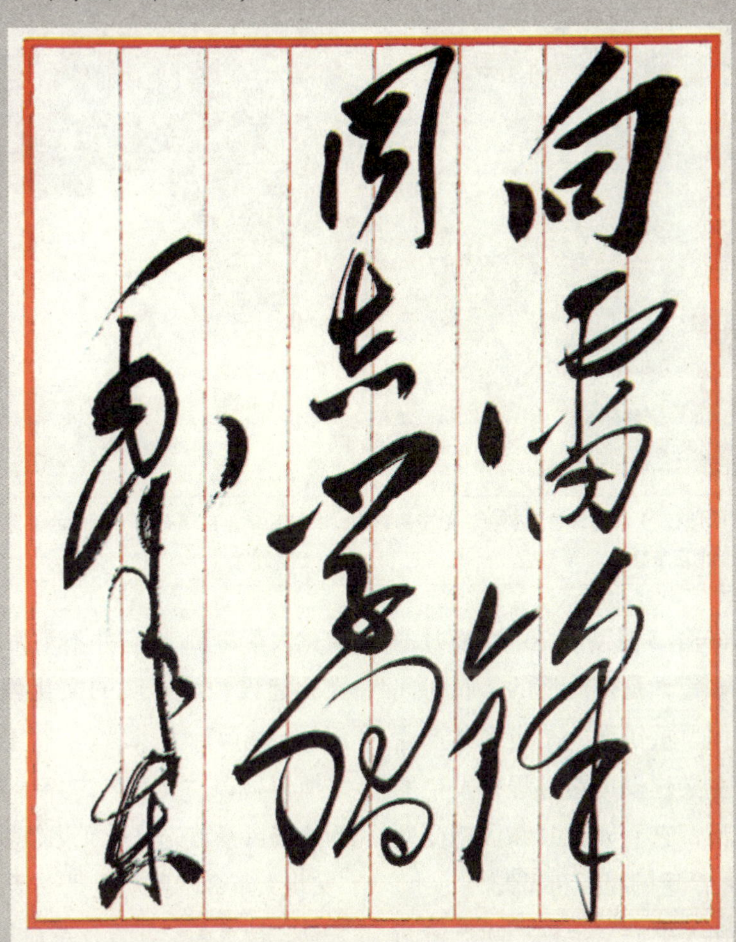

毛泽东题词：『向雷锋同志学习』

4．“文化大革命”的十年

“文革”时期，人们的思想受到意识形态的影响，衣装和举止都带有那个时代的深深烙印。图为“文革”时期的商店售货员。

从1966年5月到1976年10月的“文化大革命”，是全局性的、长时间的“左”倾严重错误，是中国共产党探索社会主义建设道路过程中发生的方向性错误，它使人民共和国遭受到建国以来最严重的挫折和损失。

“文化大革命”全称“无产阶级文化大革命”，但它并不是无产阶级在文化建设领域开展的文化教育运动，而是一场政治大风暴。“文化大革命”之所以冠以“文化”二字，主要是因为这场风暴首先是从文化领域掀起的。“文化大革命”实质上是一场由毛泽东发动，被林彪、江青反革命集团利用，延续十年之久的全国性大动乱。

“文化大革命”的过程分为三个阶段。

第一阶段，从“文化大革命”的发动到1969年4月党的九大召开。这一阶段主要是摧毁所谓的刘少奇“资产阶级司令部”，号召革命造反派进行夺权，全国陷入全面内乱，刘少奇等一大批老干部被打倒。

第二阶段，从1969年5月到1973年8月党的十大召开。这一阶段主要是“文化大革命”进入所谓的“斗、批、改”阶段，混乱局面继续发展。林彪反革命集团阴谋夺取党和国家最高权力，策划反革命武装政变。“九·一三”林彪集团覆灭后，周恩来采取措施纠正“左”倾错误，但是却遇到江青反革命集团的阻挠。

第三阶段，从1973年9月到1976年10月粉碎江青反革命集团。这一阶段主要是中共十大以后，开展了所谓的“批林批孔”、“评法批儒”和学习无产阶级专政理论的运动。1975年，周恩来病重，邓小平主持中央日常工作，开始对各方面工作进行整顿。然而，“四人帮”发动了“批邓、反击右倾翻案风”运动。1976年4月，全国人民掀起了以“天安门事件”为代表的反对“四人帮”的强大抗议运动。10月，党中央一举粉碎了“四人帮”，结束了长达十年之久的

在风云变幻的大时代里，个人的命运也在悄然发生着变化——多少青年正是背负着“广阔天地，大有作为”的理想，远离了父母和家乡。

"文化大革命"。

1965年11月10日，上海《文汇报》发表了姚文元的文章《评新编历史剧〈海瑞罢官〉》，成为"文化大革命"爆发的导火索。

《海瑞罢官》是著名明史专家、时任北京市副市长吴晗撰写的一出戏。1965年12月，毛泽东在杭州发表谈话说，《海瑞罢官》的要害是"罢官"，嘉靖皇帝罢了海瑞的官，1959年我们罢了彭德怀的官，彭德怀也是海瑞。毛泽东的这些话使对《海瑞罢官》的批判，带上了浓重的政治色彩。

1966年初，对《海瑞罢官》的批判发展到史学界、文艺界、哲学界等，在社会科学领域开始所谓的全面"揭盖子"。全国各地各种报刊上到处都充斥着对吴晗和其他学术界知名人士的批判，而且批判的调子不断升级，愈演愈烈。

由批判《海瑞罢官》而点燃的所谓"文化大革命"之火，在全国范围内燃烧起来。但还只限于意识形态领域。要想在全国各地发动"文化大革命"，还必须有中央的政治和组织决定。

1966年5月，中共中央召开政治局扩大会议。会议通过的《中共中央通知》（即"五一六通知"），系统阐发了发动"文化大革命"的主要论点。会议还决定设立"中央文化革命小组"。这个小组被江青等人把持，实际

毛泽东主席的经典著作，在"文革"时期被称为"红宝书"。

上凌驾于中央政治局之上。

8月，毛泽东主持召开中共八届十一中全会，会议通过了《关于无产阶级文化大革命的决定》（简称《十六条》），并对中共中央领导机构进行了改组。

至此，发动“文化大革命”的各项准备工作已经完成，一场引起全国大动乱的十年浩劫开始了。

全国大动乱局面的形成是从红卫兵运动开始的。1966年5月29日，清华大学附属中学的学生秘密集会，从保卫毛泽东、保卫红色政权的目的出发组织了全国第一个红卫兵组织——清华附中红卫兵。在他们的影响下，北京大学附中等学校也相继成立了红卫兵组织。这些初期的红卫兵组织并没有得到各学校领导的支持。7月28日，清华附中红卫兵写信给毛泽东，并送上以“造反有理”为主题的两张大字报。8月1日，毛泽东亲自写信给清华附中红卫兵，称他们的行动“对反动派造反有理”，向他们“表示热烈的支持”。消息传出，首都中等学校、高等学校纷纷成立冠以“毛泽东思想”、“毛泽东主义”等各种名称的红卫兵组织。红卫兵运动迅速向全国发展，成为一种狂热的政治力量。

通过红卫兵运动把“文化大革命”之火引向全国，是毛泽东推动运动发展的一个重要步骤。8月18日，身穿绿军装、佩戴红卫兵袖章的毛泽东，在天安门城楼接见和检阅了来自全国的红卫兵，再次表示

“样板戏”是文革的特殊产物，在一定程度上显示了“四人帮”借限制人民的业余文化生活控制思想的野心。图中战士演出革命样板戏的一幕发生在1975年。

从“文革”走过来的人，都有将八个样板戏倒背如流的经历。这张摄于 1976 年的照片，名为《唱〈红灯记〉的小英雄》。

了对红卫兵运动的支持。8 月 18 日到 11 月 26 日，毛泽东在北京先后 8 次接见了 1100 万来自各地的红卫兵和师生。

从 8 月 20 日开始，北京的红卫兵陆续走上街头，张贴大字报，举行集会，发表演说，开展“破四旧”活动。

古人云，名不正则言不顺。运动初期的红卫兵以“破四旧”的名义，对地名、街名、医院名、学校名进行更改。例如将苏联驻华使馆前的“扬威路”改名为“反修路”，北京协和医院改名为“反帝医院”，北京全聚德烤鸭店改名为“北京烤鸭店”，天津劝业场改名为“人民商场”。

之后，红卫兵又开始批斗他们认定的“阶级敌人”。一大批党政领导干部、专家学者、民主人士和人民群众被当做“走资派”、“黑帮”、“反动学术权威”等等，遭到任意批斗、抄家、游行，甚至被施以酷刑，甚至于解散民主党派，逼令宗教职业者还俗，等等。

在“破四旧”的同时，红卫兵还进行了全国“大串联”。9 月 5 日，中共中央、国务院按照毛泽东的意见发出关于组织外地“革命师生”免费来北京参观“文化大革命”运动的通知。从此，全国各类学校停课“闹革命”，把红卫兵运动推向了高潮。

1967 年，红卫兵扩大到工厂、农村、机关甚至军事院校，已经不再是单纯的学生组织。各地都形成了对立

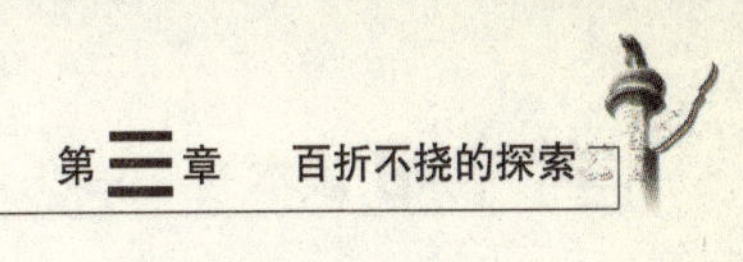

2007年10月28日，在湖北宜昌首届全国古玩鉴赏交流大会上，来自文革时期的珍贵邮票令来自全国各地的收藏者大开眼界。

的几大群众组织，相互攻击，甚至发生武装冲突。为了控制局面，毛泽东作出了大联合的指示，跨行业、跨系统的群众组织逐渐解体。1968年，随着知识青年上山下乡和大中学生毕业分配，原有的红卫兵不复存在，红卫兵运动基本结束。

在“文化大革命”发动的过程中，动乱局面不断升级，与两个反革命集团的兴风作浪、乘机夺权不无关系。这就是林彪反革命集团和“四人帮”反革命集团。

1971年，林彪集团开始策划反革命武装政变阴谋。计划失败后，林彪和他身边的一些人于9月13日凌晨仓皇出逃。1时50分，林彪叛逃的飞机向北飞越中蒙边境，进入蒙古上空，途经蒙古温都尔汗坠落，机毁人亡。这就是震惊中外的“九·一三”事件。

林彪反革命集团覆灭后，江青等的势力日益膨胀起来，加紧了夺取国家最高权力的阴谋活动。1973年中共“十大”召开，继续了九大的“左”倾错误方针。江青、张春桥、姚文元、王洪文在中央政治局内结成了以江青为首的“四人帮”。王洪文还当上了中共中央副主席。

中共十大后，毛泽东希望实现安

定团结的政治局面，尽快把国民经济搞上去。但是，“四人帮”却利用毛泽东发动“批林批孔”运动，影射攻击周恩来、邓小平等中央领导人，妄图打倒从中央到地方的一大批领导干部。

毛泽东对江青集团的宗派活动有所察觉，多次予以批评。在毛泽东的支持下，周恩来、邓小平同“四人帮”进行了坚决的斗争。

1976 年 9 月，毛泽东逝世后，“四人帮”加快了夺取党和国家权力的步伐。10 月 6 日，华国锋、叶剑英代表中共中央政治局，果断采取紧急措施，对“四人帮”进行隔离审查，一举粉碎了“四人帮”反革命集团。“文化大革命”宣告结束。

粉碎“四人帮”，是全党、全军和全国各族人民长期斗争的结果。当胜利的消息传来，举国上下一片欢腾。中国人民在经历了十年磨难和挫折之后，终于迎来了社会主义现代化建设的崭新时代。回首往事，在“文化大革命”动荡的岁月里，广大人民群众从来没有停止过对林彪、江青反革命集团破坏活动的斗争。无论是个体的斗争，如张志新、遇罗克；还是群体的斗争，如 1976 年的“四五运动”，都体现了中国人民不屈不挠的

知识青年的热情渐渐被无情的现实击碎。“扎根”还是“拔根”，成为一个棘手问题，摆在每一个知识青年面前。图为蒙城老知青。

抗争精神，发出了广大人民群众最真实的心声！

“文化大革命”的十年间，经济发展速度缓慢，经济效益大幅度下降，人民生活水平没有得到相应提高；文化发展遭到极大破坏，教育陷入停滞状态，全国学校停课，大学入学考试取消；大量冤假错案的制造以及互相揭发、批斗风气的形成，对几代中国人造成了严重的心灵伤害。“文革”的影响持续了较长时间，在中国人的集体记忆中，留下了深深的印记。

历史是人民的历史。“四五”运动波及全国，形成了规模巨大的群众革命运动，为后来粉碎江青反革命集团奠定了伟大的群众基础。

中国少年先锋队

中国少年先锋队（简称“少先队”）是中国少年儿童的群众组织，是少年儿童学习共产主义的学校，是建设社会主义和共产主义的预备队。中国共产党于1949年10月13日建立中国少年先锋队，并委托中国共产主义青年团直接领导中国少年先锋队。凡是6周岁到12周岁的少年儿童，愿意加入少先队，愿意遵守队章，向中队委员会提出申请，经中队委员会批准，就能够成为队员。

中国少年先锋队队旗是五角星加火炬的红旗。少先队的队旗是少先队组织的标志。队旗为红色，象征革命胜利，队旗中央的五角星，代表中国共产党的领导，火炬象征光明。队旗寓意：在中国共产党的领导下，向着光明的未来前进。红领巾是少先队员的标志。它是红旗的一角，是用烈士的鲜血染成的。中国共产党将红旗的一角作为少先队员的标志，就是要求他们学习先辈为真理而奋斗的精神。

中国共产主义青年团

中国共产主义青年团（简称共青团）是中国共产党领导的先进青年的群众组织，是广大青年在实践中学习中国特色社会主义和共产主义的学校，是中国共产党的助手和后备军。中国共产主义青年团原名中国社会主义青年团。1920年8月，中国共产党首先在上海组织了社会主义青年团。凡是年龄在14周岁以上，28周岁以下的中国青年，承认团的章程，愿意参加团的一个组织并在其中积极工作、执行团的决议和按期交纳团费的青年，都可以申请加入中国共产主义青年团。

共青团的组织原则是民主集中制。团的全国领导机关是团的全国代表大会和它产生的中央委员会。团全国代表大会每5年举行一次，由中央委员会召集，在特殊情况下，可以提前或延期举行。

第四章　改革开放：走进新时代

1. 新时期的标志：十一届三中全会

1976年10月，粉碎四人帮的喜讯传来，首都人民兴高采烈，一张张质朴的脸上焕发出发自内心的喜悦。

1976年10月粉碎江青反革命集团的胜利，宣告了“文化大革命”的结束。

在历经了长达十年的内乱之后，广大人民群众强烈要求纠正“文化大革命”的错误理论、方针和政策，彻底扭转十年内乱造成的严重局势，使我们国家的社会主义建设重新走上正轨。

但是，当时主持中央工作的华国锋却提出了“两个凡是”的错误方针，即“凡是毛主席作出的决策，我们都坚决维护，凡是毛主席的指示，我们都始终不渝地遵循”。“两个凡是”的方针，实质上就是要维护毛主席晚年的错误。

为了冲破“两个凡是”的严重束缚，邓小平率先提出要完整地、准确地理解毛泽东思想的科学体系，强调毛泽东思想的精髓是实事求是，旗帜鲜明地提出“两个凡是”不符合马克思主义。

1978年5月11日，《光明日报》以特约评论员的名义公开发表《实践是检验真理的唯一标准》一文，新华社全文转发全国。第二天，《人民日

1977年8月21日清晨，从北京长安街路过的人们都听到了沿途高音喇叭里的头条新闻：恢复高考。中断了10年之久的高考的恢复，在恢复知识尊严的同时，改变了一代人的命运，对于整个中国意义非常。一连串让中国人无法忘却的名字，著名导演张艺谋、著名作家刘震云、网络英才张朝阳……这些数十年前参加高考的考生如今已成了各界的领军人物。

报》、《解放军报》全文转载。随后绝大多数省、市、自治区的报纸也陆续转载。这篇文章从根本理论上否定了“两个凡是”的错误方针，因此，一经发表就在全国引起强烈反响，引发了一场关于真理标准问题的大讨论。

总之，这场大讨论批判了“两个凡是”的错误方针，为中国共产党纠正长期以来的“左”倾错误，实现历史性的伟大转折作了思想理论准备。

国家的发展，民族的振兴，都迫切要求中国共产党认真清理和纠正“文化大革命”及其以前的“左”倾错误，拨乱反正，开拓社会主义现代化建设的新局面。此时，以邓小平为核心的中央领导集体，没有辜负人民的重托，肩负起历史的重任，实现了历史性的转折。

1978年11月20日至12月15日，中共中央召开工作会议，讨论党和国家的工作重点转移到社会主义现代化建设上的问题。

与会同志一致同意工作重点转移。不过不少与会者认为，为了实现转移，一些重大历史遗留问题必须首先解决。例如，陈云在发言中提出，实现安定团结是保证党的工作重点顺利转移的关键。为此，要解决“文化大革命”中遗留的一些重大问题和一些领导人的功过是非问题。他提出，要肯定天安门事件是一次伟大的群众运动；“文化大革命”中被错定叛徒的应给予复查平反；对于彭德怀应该正确评价等等。

陈云的发言，得到与会者的热烈响应，推动大会向着拨乱反正的方向发展。

12月13日，在闭幕会上，邓小平作了重要讲话，明确提出“解放思想，开动脑筋，实事求是，团结一致向前看”的思想路线。这个重要讲话，实际上为即将召开的中共十一届三中全会确定了主题和主旋律。

1978年12月18日至22日，中共十一届三中全会在北京京西宾馆隆重召开。全会讨论了关系党和国家前途命运的各项重大问题，作出了一系列重大决策。

全会重申大规模的急风暴雨式的群众阶级斗争已经基本结束，决定把工作重心转移到社会主义现代化建设上来。

全会讨论了“文化大革命”中发生的一系列重大政治事件，审查和解决了党的历史上一大批冤假错案和一些重要领导人的功过是非问题。

全会深入讨论并一致认为，必须坚持实事求是，一切从实际出发，理论联系实际的马克思主义思想路线。

全会决定在组织上健全党的民主集中制，健全党规，严肃党纪，反对突出个人和宣传个人崇拜，加强党的集体领导。

全会回顾了建国以来经济建设的经验教训，作出了关于加快农业发展的决定。

中共十一届三中全会是建国以来党的历史上具有深远意义的伟大转折，也是人民共和国历史上具有深远意义的伟大转折。全会从根本上冲破了长期“左”倾错误的束缚，端正了党的指导思想，开始了中国共产党在思想、政治和组织等领域的全面拨乱反正，形成了以邓小平为核心的中央领导集体，揭开了改革开放的序幕。以此为起点，人民共和国进入改革开放和社会主义现代化建设的历史新时期。

十一届三中全会召开后，首都军民举行集会，庆祝全会的召开，这反映了民心、军心所向，反映出经历了十年动乱的人们迫切需要一个祥和平稳的发展环境。

2. 拨乱反正，扬帆起航

在杰出的马克思主义者和无产阶级革命家刘少奇的追悼会上，刘少奇夫人王光美百感交集、无限深情地接过刘少奇的骨灰盒，共和国成立以来的最大冤案终于得以昭雪。

中共十一届三中全会后，党和国家按照实事求是、有错必纠的原则加快了平反冤假错案的步伐。其中，最为典型的就是为刘少奇平反。

1980 年 2 月，中共十一届五中全会通过决议，为刘少奇平反。全会决定撤销八届十二中全会强加给刘少奇的各项罪名，恢复刘少奇作为伟大的马克思主义者和无产阶级革命家、党和国家主要领导人之一的名誉；因刘少奇问题受株连造成的冤假错案，由有关部门予以平反。

5 月 17 日，中共中央为刘少奇举行追悼会。这样，新中国成立以来的最大冤案得到了平反昭雪。

此后，中国共产党又为遭到错误批判、处理的党和国家其他领导人、各族各界的代表人物恢复了名誉，复查和平反了大量冤假错案，改正了错划右派分子的案件。同时，还采取措施调整各种社会关系，支持各民主党派恢复活动，认真落实民族政策和宗教政策，等等。通过这些努力，有效地调动了全社会各阶层人员的积极性，为集中力量进行社会主义现代化建设奠定了基础。

随着各条战线拨乱反正工作的深入开展，必然要求对建国以来的历史经验进行科学总结，对中国共产党的重大历史问题作出结论，以便统一全党和全国人民的思想。

从 1979 年 11 月起，在邓小平、胡耀邦的主持下，中共中央开始着手起草《关于建国以来党的若干历史问题的决议》。经过一年半时间的讨论和修改，1981 年 6 月，中共十一届六中全会通过了这个决议。

《决议》对建国 32 年来党的重大历史事件作了正确的总结，指出：党在建国后的历史，总的来说，是我们党在马列主义、毛泽东思想指导下，领导全国各族人民进行社会主义革命和建设并取得巨大成就的历史。但由于我们党领导社会主义事业的经验不多，加之对形势和国情的认识有主观主义的偏差，因而发生了一系列"左"倾错误，使我们没有取得本应该取得的更大成就。

《决议》实事求是地评价了毛泽东和毛泽东思想的历史地位，指出：毛泽东同志是伟大的马克思主义者，是伟大的无产阶级革命家、战略家和理论家。他虽然在"文化大革命"中犯了严重错误，但是就他的一生来看，他对中国革命的功绩远远大于他的过失。他的功绩是第一位的，错误是第二位的。

毛泽东思想是马克思列宁主义在中国的运用和发展，是被实践证明了的关于中国革命和建设的正确的理论原则和经验总结，是中国共产党集体智慧的结晶。

《决议》肯定了三中全会以来逐步确立的一条适合中国情况的社会主义现代化建设的正确道路，进一步指明了中国社会主义事业继续前进的方向。

历史决议的通过，对于统一全党和全国人民的思想，维护全党和全国人民的团结，开辟中国特色社会主义建设道路，具有极其重要的意义。历史决议的通过，标志着党和国家在指导思想上拨乱反正的胜利完成。

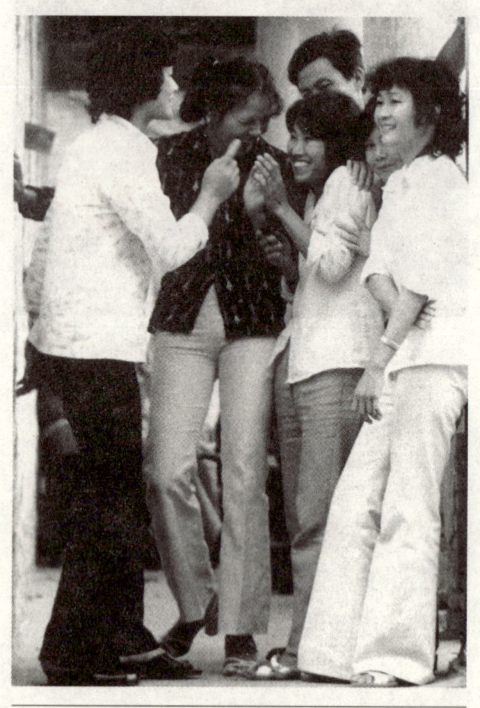

青年人穿着风靡一时的喇叭裤，代表了一个时代的风尚。

中国纪事

此时人民的思想也正发生着翻天覆地的变化，科学、民主、法治观念逐步得以树立。人们逐渐变得自信、包容、具备多元观念。在东南沿海，邓丽君这个名字开始传入大陆，她的歌被保守的人士认为是靡靡之音，是使人意志消沉和颓废的东西，但是一些被翻录过多次的盒式磁带开始了这种歌曲的民间渗透。经过了"文化大革命"的国人开始领略到情歌让人心潮澎湃，又如此令人着迷，尽管它们没有宣扬"主义"，也不再鼓舞什么斗志。而街头也已经开始了静悄悄的变革。首先是普通公众服饰方面的变化。可以说身体解放从来是思想解放和社会开放的先导。在那个年代身体解放的重要标志之一，就是喇叭裤的流行。当时，走在上海街头，一条阔脚喇叭裤就是"潮人"的代名词。

3. 农村改革：小岗村的故事

昔日的小岗村贫穷破败，农民住的都是茅草屋，温饱问题也未解决。

十一届三中全会将一缕改革的春风吹遍神州大地，改革成为新时代的最强音。首先奏响改革交响乐的是中国农村的改革。

中国农村的改革最初在安徽、四川等地兴起。早在 20 世纪 70 年代末，当真理标准问题的讨论方兴未艾，解放思想的春风乍起之时，中共安徽省委为了使农民“休养生息”，在农村率先实行了“放宽政策”，让农民包干到组。

正是在这样的背景下，中国农村改革的旗帜——安徽省凤阳县小岗村的改革开始了。

安徽省凤阳县是明朝开国皇帝朱元璋的故乡，也是历史上出了名的穷县。新中国成立几十年后，凤阳县还是没有摘掉贫困的帽子。一首广泛流传的凤阳花鼓形象地描绘了凤阳农民的生活状况：

说凤阳，道凤阳，
凤阳本是好地方，
自从出了朱皇帝，
十年倒有九年荒。
大户人家卖牛羊，
小户人家卖儿郎；
奴家没有儿郎卖，
身背花鼓走四方。

常言道，穷则思变。1978 年 12 月，凤阳县梨园公社小岗村生产队 18 户农民，毅然决然地签下“生死状”，使包产到户成为中国农村改革全新的生产组织形式。

事情的经过是这样的：当时小岗村有 20 户人家，本来划分为 4 个包干组，结果没干几天，组员之间就发生了矛盾。于是，生产队索性又分成了 8 个组，差不多都是一家一组。有的是父子组，有的是兄弟组。但没干几天，又发生了组员之间吵架、闹意见的事儿。生产队长严俊昌急了，苦思

1978年12月，安徽省凤阳县小岗村18户农民代表联名签订了分田和包产到户的契约，由此揭开了中国农村经济体制改革的序幕。这鲜红的手印代表了人心所向，代表了基层农民对改革的企盼。

冥想如何让农民安生种地的问题。

一天夜里，小岗村召开会议商量解决包干到组的矛盾，大家议论纷纷。眼看天都快亮了，还是没有找到办法。其实，大家的心里都明镜似的：包干到组固然是好，但还是没有解决平均主义的问题。

这时，生产队副队长严宏昌急红了眼："今天想不出解决的办法，谁也别回去睡觉！"

"干脆包干到户，给自己干谁也不会耍赖！"一个大胆的声音分外响亮。

一句话道出了大家的心里话。

"好！"众人纷纷表示赞同。

严宏昌掷地有声地说："如果大家能答应我两个条件，我就同意包干到户。第一，夏秋两季打的头场粮食，要先把国家的公粮和集体提留交齐，谁也不能装孬种；第二，我们是明组暗户，瞒上不瞒下，不准对上级和对外的任何人讲，谁讲就是与全村人为敌。"

一个老者上前接着说："我看应该加一条，今后如果队长因为咱们包干到户犯法坐班房，他家的农活由大伙包下来，小孩由队里养到18岁。"

大家异口同声地表示同意，并赌咒发誓按这三条办。于是，大家伙连夜抓阄将土地平分到了户。"包干到户"就这样在小岗村偷偷地开始了。此时的小岗人并没有意识到自己正在创造一段历史的传奇，相反还有些惴惴不安。

俗话说没有不透风的墙，正当小岗村民摩拳擦掌准备大干一场时，小岗村单干的消息不胫而走。小岗人只好焦急地等待即将降临的罪与罚。幸好凤阳县委书记陈元庭明确表示让他们试一下，让小岗村民紧绷的神经放松了下来。

到了年底，小岗生产队大丰收。社员们彻底丢掉了讨饭棍，还有人盖起了新房。

改革给小岗人带来了实惠，也给小岗人带来了麻烦。因为有人讲，小岗

中国印记

1980年，新《婚姻法》的实行和提倡，逐步推行独生子女政策成了全国的两件大事。在新的《婚姻法》中，离婚的必要条件被修改为：第一，双方感情确已破裂；第二，经调解无效。中国人此后逐步确立了一系列婚恋新观念：爱情是婚姻的灵魂，没有爱情的婚姻是不道德的。而计划生育概念是马寅初先生的学术成果，因为他是经济学家，所以他的《新人口论》更高的价值在经济领域。比如他认为人口多、资金少是个很严重的矛盾。建国以来，人口增长率为20%，以此推算，如果不控制人口，50年后中国人口将达到26亿。为了避免人口过多对经济发展造成阻碍和破坏，"生男生女都一样"、"一家只生一个孩"成为了当时的宣传重点。

人犯了路线错误，走的是资本主义的道路。小岗人犹豫了，下一步怎么办？

正在小岗人最迷茫的时候，时任安徽省委书记的万里视察小岗。他高兴地对小岗的干部群众讲："你们这样干，形势自然就会大好，我就想这样干，就怕没人敢干。你们这样干了，我支持你们。"

就这样，安徽成了全国第一个在全省搞联产承包责任制的省。"想吃米，找万里"，成为一时的流行语。

安徽省的农村改革取得了很好的

实行计划生育，独生子女光荣，一本独生子女父母光荣证唤起了人们对中国基本国策的记忆。

效果，其他一些地方也陆续开始实行农村联产责任制。1980 年 5 月，邓小平发表谈话，肯定了包产到户这种形式，指出它不会影响我们制度的社会主义性质。后来，中央又进一步肯定包产到户、包干到户是社会主义集体经济的生产责任制，是合作经营的一个经营层次。

在中共中央的支持和推动下，以包产到户、包干到户为主要形式的家庭联产承包责任制，在全国各地逐渐推广开来。“保证国家的，留足集体的，剩下都是自己的”，这是农民对责任制最生动的解释。

“统分结合”的农村家庭联产承包责任制的普遍推行，促进了人民公社体制的解体。1983 年 10 月，中共中央作出决定，废除人民公社，建立乡（镇）政府作为基层政权，同时成立村民委员会作为村民自治组织。

在农村改革逐步展开的同时，城市经济体制改革也开始进行探索，逐步明确建立社会主义市场经济体制的改革目标。与此同时，对外开放由点到面逐步展开，逐步形成全方位、多层次、宽领域的对外开放格局。

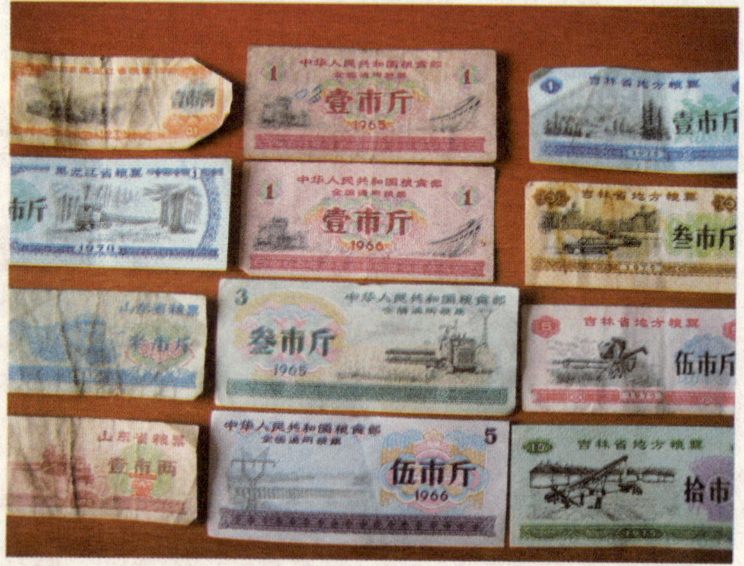

这些全国通用粮票和各省的地方粮票见证了实行了 40 年的城镇居民粮食供应制度，浓缩了几代中国人的生活记忆。

中国印记

在 20 世纪六七十年代，如果想要出差去外地，不仅需要准备钱，更重要的是准备粮票。由于全国各省的粮票都不相同，并且不能流通，所以到外地去时，必须用本地粮票兑换“全国通用粮票”。这种“全国通用粮票”，简直就是“硬通货”和“外汇”，仅用本地粗粮票是不能换到的，需要搭配米票、面票和油票，才能换到，而且还需要单位开证明。而在 1992 年 4 月广东全面放开粮价之后，1993 年 1 月 1 日，浙江也取消粮票，紧接着，上海、江苏、安徽、福建、江西、北京也宣布粮食购销价格全面放开，取消粮票。到 1993 年底，全国 95%以上的市县都完成了放开粮价的改革。实行了 40 年的城镇居民粮食供应制度(即统销制度)被取消，粮油票从此进入博物馆。

4. 深圳：从小渔村到大都市

邓小平说："独立自主不是闭关自守，自力更生不是盲目排外。任何一个民族、一个国家都需要学习别的民族、别的国家的长处，学习人家的先进科学技术，我们不仅因为今天的科学技术落后，需要努力向外国学习，即使我们的科学技术赶上了世界先进水平，也还要学习人家的长处。"

中国的对外开放历经了从点到线、由线到面、由面到全方位开放的道路。最先打开中国开放大门的是广东和福建两省。广东和福建两省靠近港澳，侨胞众多，资源比较丰富，便于吸收外资和侨资。

1980 年 5 月，中共中央、国务院确定在深圳、珠海、汕头、厦门各划出一定范围的区域，试办经济特区。

深圳，原本是一个人口稀少、工业落后的小镇。全镇只有二十多家生产小农具、小五金和粗加工农副产品的小工厂，属于支农工业和农副产品加工业，经营水平低，需要财政补贴。

今日深圳高楼林立，车水马龙，一派繁华大都市气象，劳动者们用自己的双手创造了东方奇迹。

深圳街头的巨幅邓小平宣传画，体现了人们对改革开放总设计师的崇敬与爱戴。

商业也很落后，全年的社会商品零售额为一亿多人民币。道路、交通、电力等基础设施都很落后，楼房基本上是二三层的旧房，九条小道两侧均是低矮的旧式平房，全镇只有一座五层的旅馆大楼。

就是这样一个非常落后的小乡镇，被规划为经济特区之后，仅仅用了几年的时间，就一跃成为初具规模的新兴城市，发生了翻天覆地的变化。今天，深圳已经发展成为一个现代化的国际大都市。在中国改革开放的发展史上，深圳创造了一个崭新的名词：深圳速度。

正因如此，美国人称誉深圳为“一夜崛起之城”。就连一向十分挑剔的日本人，也不得不心悦诚服地赞叹道：“这种‘天方夜谭’的速度是领风骚于青史的。”

珠海、汕头、厦门也同样创造了属于自己的神奇。

特区建设所取得的显著成效，坚定了中国人民改革开放的决心和信心，也加快了改革开放的步伐。

如果说，20 世纪 80 年代决定建立经济特区还是一种实验的话，那么，20 世纪 90 年代开发、开放浦东则是统领全局、加快发展的科学决策。

开发前的浦东是上海的落后地区，当时的小陆家嘴地区有条路叫烂泥渡路，每逢暴雨就积水成河，家家户户“水漫金山”。如今，那条烂泥渡路成

今日黄浦江边耸立的上海东方明珠电视塔，继续见证浦东沧桑巨变。

昔日黄浦江上的旧渔船。如今，这番景象早已不复再现。

了银城路，路的北段一边是金茂大厦，一边是东方明珠电视塔，路的南段是美丽的滨江园，路东是巍然屹立的楼群和世纪大道……浦东成了中国改革开放过程中的“传奇”。

今天的浦东，已经成为全球最具有创造力的地区之一。综合经济实力不断增强，是中国现代经济要素最多的地方。

今天的浦东，已经成为中国城市面貌最新最美的地方之一。城市基础设施建设累计投资超过6000亿元，浦东国际机场、外高桥港区、城际高速公路、浦江大桥、海底隧道、磁悬浮列车、轨道交通共同建构水、陆、空三位一体的交通体系。

今天的浦东，已经成为面向国际国内双向开放的格局。通用、英特尔、惠普、西门子等一大批世界500强企业在浦东投资。

今天的浦东，已经成为上海市现代化建设的缩影和中国改革开放的象征。

就这样，经过十几年对外开放政策的实施，我国的对外开放在全国形成了“经济特区——沿海开放城市——沿海经济开放区——沿江和内陆开放城市”的由点到线、由线到面、点线面结合的全方位对外开放格局。到1993年，我国对外开放地区的总面积达到50万平方公里，包括339个县市，3.2亿人口。中国已经真正进入到改革开放的新时代！

上海南浦大桥是上海地区第一座跨越黄浦江的大桥，它是我国自行设计、自行建造的双塔双索面、迭合梁斜拉桥。主塔上“南浦大桥”四个红色大字为邓小平题写。其规模之雄伟，工艺之严格，技术之复杂，施工难度之高，建设周期之短，是我国桥梁建设史上少有的，在世界桥梁建设史上也不多见。

5. 邓小平与“中国特色”

回首改革开放的历程，有一个人将被我们永远铭记，他就是中国改革开放和现代化建设的总设计师——邓小平。

被誉为“总设计师”的邓小平，是无愧于这个荣誉的。因为，中国改革开放的伟大事业，就是以邓小平为核心的党的第二代中央领导集体带领全党全国各族人民开创的。中国改革开放的每一个关键步骤，邓小平都发挥了不可替代的历史作用。

邓小平是中国共产党第一代中央领导集体的成员，亲身经历了中国革命和建设的全过程。多年革命和建设的实践锻炼，使他具备了领导人民建设国家的才能。

1978 年党的十一届三中全会实现了历史性的伟大转折，邓小平在这个会议上对中国共产党政策的历史转变起了决定性的作用。在为这次全会做准备的中央工作会议上，他发表了《解放思想，实事求是，团结一致向前看》的讲话，为大会作了理论上的准备。经过这次全会，形成了以邓小平为核心的中国共产党第二代领导集体。

1982 年 9 月 1 日至 11 日，中国共产党第十二次全国代表大会在北京举行。邓小平致开幕词，首次提出了“建设有中国特色的社会主义”这一崭新的命题。这是十二大的指导思想，也是共和国改革开放和现代化建设历史新时期的指导思想。

党的十二大以后，改革开放全面

中国人民永远也不会忘记改革开放的总设计师——邓小平，是他开创了一个新的时代。图为国家邮政局发行的邓小平诞辰百年纪念邮票小型张，在大陆、香港、澳门三地同时发行。

展开。农村改革以稳定和完善家庭联产承包责任制为主要任务。同时，以城市为重点的全面经济体制改革启动。1984 年 10 月，中共十二届三中全会作出了《中共中央关于经济体制改革的决定》，总结了建国以来特别是十一届三中全会以来经济体制改革的经验，比较系统地提出和阐明了经济改革中的一系列重大理论和实践问题，是全面进行经济体制改革的纲领性文献。

随着经济体制改革的深入，科技、教育体制改革也方兴未艾。同时，在国防、祖国统一、外交等各个战线，改革的大潮此起彼伏，荡涤着旧的体制。

面对改革，有人发出了疑问：我们现在进行的还是社会主义事业吗？

也有人提出：社会主义没有出路，我们应当全面转向资本主义。

对此，邓小平斩钉截铁地说，历史告诉我们，中国走资本主义道路不行，中国除了走社会主义道路没有别的道路可走。一旦中国抛弃社会主义，就要回到半殖民地半封建社会。

那么，中国现在搞的社会主义还是不是社会主义？中国的社会主义处于怎样的历史方位？这不仅是一个现实问题，同时也是一个重大的理论问题。1987 年党的十三大科学地回答了这个问题。

1987 年 10 月 25 日至 11 月 1 日，中国共产党第十三次全国代表大会在北京隆重举行。中共十三大的突出贡献，是系统阐述了关于社会主义初级阶段的理论和党在社会主义初级阶段的基本路线。

大会提出了党在社会主义初级阶段的基本路线，这就是：领导和团结全国各族人民，以经济建设为中心，坚持四项基本原则，坚持改革开放，自力更生，艰苦创业，为把我国建设成为富强、民主、文明的社会主义现代化国家而奋斗。这条基本路线是十一届三中全会路线的继续和发展，是根据我国国情制定的一条马克思主义的正确路线。这条基本路线的主要内容可以概括为“一个中心，两个基本点”。

党的十三大以后，改革开放的步伐进一步加快了。政治体制改革方面，在实行党政分开的同时，启动国务院机构改革和建立国家公务员制度；经济体制改革方面，城市经济体制改革

从 1983 年，中央电视台第一次以现场直播的形式举办春节联欢晚会。今天，中央台的春节晚会已经成为全世界收视率最高的节目之一。它不但开创了电视综艺节目的先河，且引发了中国电视传媒表达内容和表达方式等方面的重大变革。目前，电视综艺节目已经成为颇具规模的媒体文化形式。春节联欢晚会为中国电视综艺文化的发展提供了最基本的模式和蓝本，产生了很多脍炙人口的经典歌曲和妇孺皆知的相声小品。

中国印记

“下海”，“海”是市场经济发展过程中所产生的新的社会空间的隐喻。在这个新空间里，资源丰富，前景广阔，可能带来原有体制所不可能给予的巨大回报；同时，这个空间又深不可测，隐藏着无法预测的危机，也许会给人带来灭顶之灾。“下海”，即意味着放弃传统体制里的各项保障，到新的经济社会空间里去从事风险和回报都非常高的商业活动。1992年邓小平同志南巡讲话发表之后，机关干部、知识分子、国企人员“下海”经商成为热潮。还有大批青年涌进这支队伍，成为商海中的弄潮儿。

以企业改革为中心，深化企业改革的重点是贯彻实施《企业法》，稳定、完善和发展承包制。农村经济发生了巨变，乡镇企业异军突起。

1992年1月至2月，这位88岁高龄的老人，不辞劳苦，到南方视察，以推动改革开放的车轮重新启动。

在南方视察期间，邓小平发表了大量谈话，这些谈话至今还让人耳熟能详。比如他说，“改革开放的胆子要大一点，敢于试验，不能像小脚女人一样。看准了的，就大胆地试，大胆地闯”。他还说，“社会主义的本质，是解放生产力，发展生产力，消灭剥削，消除两极分化，最终达到共同富裕”。关于计划和市场的关系问题，他指出，“计划多一点还是市场多一点，不是社会主义和资本主义的本质区别。计划经济不等于社会主义，资本主义也有计划；市场经济不等于资本主义，社会主义也有市场。计划和市场都是经济手段”。

1997年7月1日，香港回归，这一天，邓小平铜像展出，这一天，人们驻足在铜像前，忆起这位老人希望“到香港的土地上走一走”的未了心愿。

邓小平的南方谈话，好似一股和煦的春风吹遍神州大地，再一次掀起思想解放的浪潮。这些谈话的内容，是邓小平关于建设中国特色社会主义思想的高度体现和新的发展，这就为全党和全国人民指明了前进的方向，形成了改革开放的新思路，为党的十四大奠定了思想基础。

时光转到1997年，正当中国人民满怀喜悦地迎接香港回归祖国的时候，2月19日，中国改革开放的总设计师邓小平逝世。邓小平逝世后，中国今后举什么旗，走什么路，举世瞩目。

1997年9月12日至18日，中共十五大在北京召开。大会的主题是：高举邓小平理论伟大旗帜，把建设中国特色社会主义事业全面推向二十一世纪。

大会最重要的历史功绩，是把邓小平理论确定为党的指导思想。十五大修改通过的党章中明确规定："中国共产党以马克思列宁主义、毛泽东思想、邓小平理论作为自己的行动指南。"这表明全党在旗帜问题上的鲜明态度和坚定信念，也反映了全国人民的共同心愿。

人民的悲哀——哀悼改革开放的总设计师邓小平

6. 重回 WTO

随着改革开放的顺利进行，中国在世界经济贸易舞台上越来越扮演着不可或缺的角色。2001 年，中国成功加入世界贸易组织就是一个重要的标志。

2001 年 12 月 11 日，卡塔尔首都多哈，将永远被中国人牢记。因为就是从这一天，从这里，中国又重新回到了世界贸易的大家庭。为了这一天的到来，中国人用去了 15 年的时间谈判，黑发人谈成了白发人。

当中国加入世贸组织的消息传来，人们欢欣鼓舞，信心倍增。

加入世贸组织，对中国来说既是一次历史性的机遇，也是一个严峻的挑战。加入世贸组织后，全方位的资源优化配置、外部环境的改善、先进

2001 年 12 月 11 日，卡塔尔首都多哈，将永远被中国人铭记。从这一天开始，在这里，中国又重新回到了世界贸易组织的大家庭。

中国加入世贸组织后，知识产权问题提上日程，保护知识产权，正确行使权益的意识从此深入人心。

技术的引进，都会使中国经济具有更大的发展空间，从长远角度看有利于中国经济的发展。但从短期来看，加入世贸也有不利的地方，国内的很多行业将受到较大的冲击，尤其是长期实行高关税保护的行业，如汽车、仪器仪表、农产品等等。而且，随着中国经济国际化程度的提高，将在很大程度上受到世界经济波动的影响，这就要求我们在参与经济全球化的过程中，具有更高的驾驭经济发展的能力。

加入世贸，是中国经济社会发展中的一个里程碑，标志着中国改革开放进入到一个新的发展阶段。

世界记忆

世界贸易组织（World Trade Organization，简称 WTO）成立于 1995 年 1 月 1 日，总部设在瑞士日内瓦。其前身是 1947 年订立的关税及贸易总协定，1996 年 1 月 1 日，它正式取代关贸总协定临时机构。

世贸组织是一个独立于联合国的永久性国际组织，负责管理世界经济和贸易秩序。它是具有法人地位的国际组织，在调解成员争端方面具有更高的权威性，与世界银行、国际货币基金组织一起，并称为当今世界经济体制的“三大支柱”。

世贸组织的宗旨是：促进经济和贸易发展，以提高生活水平、保证充分就业、保障实际收入和有效需求的增长；根据可持续发展的目标合理利用世界资源，扩大商品生产和服务；达成互惠互利的协议，大幅度削减和取消关税及其他贸易壁垒并消除国际贸易中的歧视待遇。

世贸组织成员分四类：发达成员、发展中成员、转轨经济体成员和最不发达成员。2005 年 12 月，世贸组织总理事会在香港正式批准太平洋岛国汤加加入，其正式成员身份于一个月后生效。这样，世贸组织正式成员增加到 150 个。

小康，就是介于温饱和富裕之间的一个生活阶段。即在温饱的基础上，生活质量进一步提高，达到丰衣足食；生活质量的提高，既包括物质生活的改善，也包括精神生活的充实，既包括居民个人消费水平的提高，也包括社会福利和劳动环境的改善；根据经济发展不平衡的情况，全国实现小康是逐渐推进的。

小康社会，是中国现代化进程中的一个重要历史时期。从 20 世纪 80 年代我们国家提出奔小康的战略目标，经过十几年的努力，到本世纪初，当代中国在实现了跨越贫困的基础上，总体上进入了小康社会。

儿孙满堂，其乐融融，衣食无忧，这可以算作是农村小康家庭的一个样板。

7. 以人为本，和谐发展

2003年“非典”过后，人们开始反思人与自然的关系，反思如何发展的问题。胡锦涛在全国抗击“非典”总结大会上，阐述了加强经济社会协调发展、统筹城乡经济社会发展的要求。

2003年10月，胡锦涛在党的十六届三中全会上，提出了坚持以人为本、全面协调可持续的科学发展观。

2004年3月，胡锦涛进一步阐明了科学发展观的内容。

坚持以人为本，就是要以实现人的全面发展为目标，从人民群众的根本利益出发谋发展、促发展，不断满足人民日益增长的物质文化需要，切实保障人民群众的经济、政治和文化权益，让发展的成果惠及全体人民。

全面发展，就是要以经济建设为中心，全面推进经济、政治、文化建

2003年那场突如其来的“非典”风暴，给中国人留下了太深的记忆，但英雄的中国人民没有被疾病吓倒，而是团结起来众志成城，共克时艰，终于战胜了这场空前的大疫病。

设，实现经济发展和社会全面进步。

协调发展，就是要统筹城乡发展，统筹区域发展，统筹经济社会发展，统筹人与自然的和谐发展，统筹国内发展和对外开放。

可持续发展，就是要促进人与自然的和谐，实现经济发展和人口、资源、环境相协调，坚持走生产发展、生活富裕、生态良好的文明发展道路，保证一代接一代地永续发展。

2007 年党的十七大把科学发展观的内涵概括为：科学发展观，第一要义是发展，核心是以人为本，基本要求是全面协调可持续，根本方法是统筹兼顾。

发展观是关于发展的本质、目的、内涵和要求的总体看法和根本观点。有什么样的发展观，就会有什么样的发展道路、发展模式和发展战略，就会对发展的实践产生根本性的影响。我国几十年的社会主义建设实践证明，用什么样的发展观指导现代化建设，的确是一个十分重要的大问题。

科学发展观的提出，是对党的三代领导集体关于发展的重要思想的继承和发展，是全面建设小康社会和实现现代化的根本指针。

构建社会主义和谐社会，是以胡锦涛为总书记的党中央，在新世纪新阶段提出的重要战略任务。一经提出，就得到了全国人民的广泛响应和认同。对于中国人来说，“和谐”一词有着悠久的历史渊源。早在西周末年，太史伯阳父就提出了“和”的范畴。他说：“和实生物，同则不继。以他平他谓之和，故能丰长而物生之。”孔子把“和”上升到一个新的原则高度，认为“君子和而不同，小人同而不和”。

1979 年 9 月 12 日，苏州人民化工厂工人张长林因一时疏忽忘记关闭阀门，导致 28 吨剧毒液体流入京杭大运河。1979 年 10 月 27 日，苏州市中级人民法院参照当时已经颁发但尚未开始施行的《刑法》第 115 条，按照违反危险物品管理规定肇事罪，判处张长林有期徒刑 2 年。这是中国对环境污染采用刑事制裁的“第一案”。巧合的是，1979 年 9 月 13 日，《中华人民共和国环境保护法(试行)》获得原则通过，成为中国第一部环境保护的大法。1984 年，《水污染防治法》诞生，在各类环境污染类型中成为我国第一个拥有专项法律的领域。

环保“第一案”对以后的环境立法及政府决策均不无影响。1981 年 2 月 24 日，国务院下发《国务院关于在国民经济调整时期加强环境保护工作的决定》，指出我国环境的污染和自然资源、生态平衡的破坏已相当严重，已影响人民生活，妨碍生产建设，成为国民经济发展中的突出问题。为此，要求贯彻执行试行的《环境保护法》。此后的 20 多年间，国务院又下发过 4 个类似的环保《决定》，1984 年的第二个决定提出“环保是基本国策”，应“实施可持续发展战略”。1989 年，《环境保护法》正式实施。2005 年，国务院指出用科学发展观统领环保工作，强调需以“促进人与自然和谐”为重点，强化生态保护，我国的环境保护工作再上新台阶。

我国历史上产生过不少关于社会和谐的思想。比如孔子说过“和为贵”，老子提出“道法自然”，墨子提出“兼相爱”、“爱无差”，这些思想虽然带有不同时代和提出者的阶级烙印，但都在一定程度上反映了广大人民群众对美好生活的向往。

新中国成立以来，特别是改革开放以来，我国经济社会发展取得了举世瞩目的巨大成就。但同时，在经济社会发展中也积累了不少矛盾和问题。主要是：资源能源紧缺压力加大，对经济社会发展的瓶颈制约日益突出；城乡发展不平衡、地区发展不平衡、经济社会发展不平衡的矛盾更加突出；人民群众的物质文化需要不断提高并更趋多样化，社会利益关系更趋复杂；社会上存在的消极腐败现象以及各类严重犯罪活动给社会稳定与和谐带来了严重影响，等等。这些问题如果处理不好，就会严重影响社会的和谐稳定和全面建设小康社会的大局。

在这样的历史背景下，2005 年 2 月 19 日，胡锦涛在省部级领导干部提高构建社会主义和谐社会能力专题研讨班上的讲话中，第一次阐述了社会主义和谐社会理论，提出社会主义和谐社会的基本特征、重要原则和主要任务。

社会主义和谐社会的基本特征是民主法治、公平正义、诚信友爱、充满活力、安定有序、人与自然和谐相处。

构建社会主义和谐社会战略思想的提出，使中国特色社会主义事业的总体布局由社会主义经济建设、政治建设、文化建设三位一体发展为社会主义经济建设、政治建设、文化建设、社会建设四位一体，表明我们对中国特色社会主义事业有了新的认识。

2006 年 10 月，中共十六届六中全会审议通过了《中共中央关于构建社会主义和谐社会若干重大问题的决定》。《决定》全面分析了我们所面临的新形势和新任务，阐述了构建社会主义和谐社会的重要性和紧迫性，指出了构建社会主义和谐社会的指导思想、目标任务和基本原则，成为构建社会主义和谐社会纲领性的文件。

我们要构建的社会主义和谐社会，是在中国特色社会主义道路上，中国共产党领导全国人民共同建设、共同享有的和谐社会。

构建社会主义和谐社会，必须以马克思主义、毛泽东思想、邓小平理论和“三个代表”重要思想为指导，坚持党的基本路线、基本纲领、基本经验，坚持以科学发展观统领经济社会发展全局，按照民主法治、公平正义、诚信友爱、充满活力、安定有序、人与自然和谐相处的总体要求，以解决人民群众最关心、最直接、最现实的利益问题为重点，着力发展社会事

早在民国初期，孙中山先生在《建国方略》里就预想过建设三峡工程。

一代伟人毛泽东以诗人的浪漫和战略家的高瞻远瞩描绘了一幅三峡宏景：“更立西江石壁，截断巫山云雨，高峡出平湖。神女应无恙，当惊世界殊。”

百年梦想，四十年论证，在我们的时代，这一宏图伟业终于变成了现实。1992年兴建三峡的决议通过，三峡工程进入了为期18年的全面建设。

三峡工程，全称长江三峡水利枢纽工程，是当今世界上最大的水利枢纽工程。它位于长江三峡之一的西陵峡的中段，坝址在三峡之珠——湖北省副省域中心城市宜昌市的三斗坪，三峡工程建筑由大坝、水电站厂房和通航建筑物三大部分组成。建成后，将在养殖、旅游、保护生态、净化环境、开发性移民、南水北调、供水灌溉等方面获得巨大的效益。

“巴东三峡尽，旷望九江开。楚塞云中出，荆门水上来。”美丽的瞿塘峡山势雄峻，两岸的山就像大斧切成的一样，夹江的峭壁逼人而来，人们似乎需要屏住呼吸、控制身体的些微起伏才能通过。

作为我国的标志性工程，三峡建设举世瞩目，它向全世界展示着中国和平崛起的卓越风姿。

2006年5月，全长2309米的三峡大坝全线建成，全线浇筑达到设计高程海拔185米，是世界上规模最大的混凝土重力坝。三峡工程是迄今世界上综合效益最大的水利枢纽，在发挥巨大的防洪效益和航运效益之外，其1820万千瓦的装机容量和847亿千瓦时的年发电量均居世界第一。

中国纪事

30年前，城乡民众和远方亲人的快速联系方式主要是电报。当时电报是论字收费，所以有急事需要拍电报时人们也是惜字如金，标点符号当然是能省则省。到了20世纪90年代先富起来的一些人，家里装上了固定电话。也就是从这时开始，中国人的通讯方式发生了巨大的变化。先是大街小巷开始流行BP机，时髦的大姑娘小伙子几乎人手一个，生怕别人不知道，话说完了还要加一句：有事您“call”我——那时人们把用BP机发短信呼人与之联系称之为“call机”。没用多长时间，数字BP机变成有汉字显示功能的了。之后又出现了“大哥大 ”无线电话，但因其高昂的价格成了极少数人才能拥有的奢侈品。而如今，曾经红火的传呼机早已从人们的视线中消失，手机也从身份的象征变成了人们随身携带的物件，它的性质也已经不仅仅是通信工具，而变身成为新媒体。

业，促进社会公平正义，建设和谐文化，完善社会管理，增强社会创造活力，走共同富裕道路，推动社会建设与经济建设、政治建设、文化建设协调发展。

构建社会主义和谐社会，必须坚持以下六项原则，即必须坚持以人为本，必须坚持科学发展，必须坚持改革开放，必须坚持民主法治，必须坚持正确处理改革发展稳定的关系，必须坚持在党的领导下全社会共同建设。在实现教育公平方面，全部免除农村义务教育学杂费，让3730万贫困家庭的学生领到免费教科书，780万家庭贫困寄宿生领到生活补助；建立健全中等职业学校、高等学校的贫困学生资助体系，每一年惠及400万大学生和1600万中等职业学校学生。各级各类教育男女学生比例趋于平衡，高等教育入学机会的城乡差距不断缩小，农村户口学生比例已提高到52%。

在积极促进就业方面，国家加大了对农民职业培训的力度。2004年3月，国家启动了“阳光工程”。由中央财政安排专项资金，对参加培训的农民进行直接补贴。在中央财政投入2.5亿资金的启动下，地方各级财政也积极投入。据统计，2004年全国省级财政共计安排转移培训资金3亿元。同时，我们国家通过实施“大学生志愿服务西部计划”、“三支一扶计划”、“农村义务教育阶段学校教师特设岗位计划”等专项计划，引导大学生面向基层就业。

在完善分配制度方面，党和政府采取了一系列政策措施，逐步解决收入差距过大的问题。2006年7月，中央决定改革公务员工资制度，改革和完善事业单位工作人员收入分配制度，调整机关事业单位离退休人员待遇，完善机关工人工资制度，提高企业离退休人员基本养老金标准、各类优抚对象抚恤补助标准、城市低保对象补助水平；自2007年1月1日起，年收入12万元以上的高收入者自行申报缴纳个人所得税；自2008年3月1日起，将个人所得税起征点调至2000元。

在推动医疗改革方面，不断完善公共卫生事件应急机制，初步建立全民医疗保险。2003年“非典”疫情过后，各级政府加大了对公共卫生的投入，加强疾病预防控制体系、医疗应急救治体系、卫生应急队伍和卫生监督体系建设。全国共改建扩建2448个省、市、县疾病预防控制中心，总投资105亿元；建设2668个医疗急救中心和传染病院（区），总投资164亿元。同时，积极推动建立城镇基本医疗保险和新型农村医疗保险。截止到2006年，全国参加城镇基本医疗保险的人数已达1.5亿多人。到2007年3月，全国开展新型农村合作医疗的县（市、区）达到2319个，占全国总数的81.03%，覆盖农业人口7.99亿，参加合作医疗人口6.85亿。一个基本覆盖全体农业人口的医疗保障制度基本建立起来了。

此外，在住房制度改革方面，通过进行住房货币化改革，积极实施棚户区改造工程、农村泥草房改造工程，建设经济适用房、廉租房、两限房（限面积、限售价）等措施，改善了广大人民群众的住房条件。

实现社会和谐，建设美好社会，始终是人类孜孜以求的一个社会理想。今天，中国人将这一理想升华为一种理论，一种现实的实践活动。它开辟了社会主义社会建设理论的新境界，丰富和发展了中国特色社会主义理论体系，是对中国共产党理想信念追求的最好诠释，必将造福于13亿中国人民。

以人文奥运促和谐社会，成为2008年的中国共识。2008年，中国笑迎八方来客，向世界展现了和谐中国的新风采。

我国的司法机构

人民法院是国家审判机关，分最高人民法院、地方各级法院和专门人民法院。人民法院依照法律规定独立行使审判权，不受行政机关、社会团体和个人的干涉。最高人民法院是最高审判机关，监督地方各级人民法院和专业人民法院的审判工作，上级人民法院监督下级人民法院的审判工作。最高人民法院对全国人民代表大会和全国人民代表大会常务委员会负责；地方各级人民法院对产生它的国家机关负责。

人民检察院是国家的法律监督机关，分最高人民检察院、地方各级人民检察院和专门人民检察院。人民检察院依照法律规定独立行使检察权，不受行政机关、社会团体和个人的干涉。最高人民检察院是最高检察机关，它领导各级人民检察院和专门人民检察院的工作。最高人民检察院对全国人民代表大会和全国人民代表大会常务委员会负责；地方各级人民检察院对产生它的国家权力机关和上级人民检察院负责。

公安局

公安局是公安机关的组织形式，是主管公安工作的政府部门。公安机关的最高部门是公安部，指导全国公安工作，包括所有各级公安局。

公安局按级别通常有：直辖市公安局、省会城市公安局、地级市公安局、县级公安局，除县级公安局外，前几者均可按城市的区下分区分局。特定公安局一般受所在地政府领导、受上级公安厅、局指导。此外，还有一些其他部门的公安部门，有别于地方政府的公安局，比如：铁路公安、森林公安、民航公安等。

公安局承担公安机关的工作职责：预防、制止和侦查违法犯罪活动；防范、打击恐怖活动；维护社会治安秩序，制止危害社会治安秩序的行为；管理交通、消防、危险物品；管理户口、居民身份证、国籍、出入境事务和外国人在中国境内居留、旅行的有关事务；维护国（边）境地区的治安秩序；警卫国家规定的特定人员、守卫重要场所和设施；管理集会、游行和示威活动；监督管理公共信息网络的安全监察工作；指导和监督国家机关、社会团体、企业事业组织和重点建设工程的治安保卫工作，指导治安保卫委员会等群众性治安保卫组织的治安防范工作。

第五章　民族团结与祖国统一

1. 民族区域自治

中国自古以来就是一个统一的多民族国家，在漫长的历史发展过程中，各民族相互融合，共同缔造了灿烂的华夏文明。

新中国成立以后，通过识别并经中央政府确认的单一民族共有56个，其中汉族占了人口的绝大多数，汉族以外的其他55个民族人口相对较少，习惯上被称为少数民族。

据2000年全国第五次人口普查统计，全国31个省、自治区、直辖市的人口总数为126583万人，其中汉族115940万人，占全国人口的91.59%，少数民族10643万人，占全国人口的8.41%。

我国各民族分布的特点是：大杂居、小聚居、相互交错居住。汉族地区有少数民族居住，少数民族地区有汉族居住。这种分布格局是在长期的历史发展过程中，各民族间相互交往、相互融合形成的。

我国的少数民族虽然人口少，但分布十分广泛，全国大部分省市都有少数民族居住，绝大部分县级区域都有两个以上的民族居住。少数民族主要分布在内蒙古、新疆、宁夏、广西、西藏、云南、贵州、青海、四川、甘肃、辽宁、吉林、湖南、湖北、海南、台湾等省、自治区。民族成分最多的是云南省，有25个民族。

中国历代中央政权大都针对少数民族地区采取“因俗而治”的政策，创建了带有自治色彩的管理制度。这些政策对于维护民族团结和国家统一具有一定的积极意义。但由于历史和阶级的局限性，封建统治阶级不可能真正维护各族人民

五十六个民族五十六枝花，五十六个兄弟姐妹是一家。我国是一个多民族的大家庭，各兄弟民族和睦相处，共同发展。

我国的55个少数民族中，人口100万以上的民族有18个，他们是：蒙古、回、藏、维吾尔、苗、彝、壮、布依、朝鲜、满、侗、瑶、白、土家、哈尼、哈萨克、傣、黎族等。其中壮族人口最多，为1600万人；人口在100万以下10万以上的民族有15个，他们是：傈僳、佤、畲、拉祜、水、东乡、纳西、景颇、柯尔克孜、土、达斡尔、仫佬、羌、仡佬、锡伯族等；人口在10万以下1万以上的民族有15个，他们是：布朗、撒拉、毛南、阿昌、普米、塔吉克、怒、乌兹别克、俄罗斯、鄂温克、德昂、保安、裕固、京、基诺族等；人口在1万以下的民族有7个，他们是：门巴、鄂伦春、独龙、塔塔尔、赫哲、高山、珞巴族等。另外，还有未被确定民族成分的人口，共73.4万人。

群众的根本利益，甚至普遍存在着歧视少数民族的现象。

中国共产党继承和发展了马克思主义民族理论，带领全国各族人民团结奋斗，努力探索解决民族问题的道路，制定了坚持民族平等、民族团结和各民族共同繁荣的民族政策原则，提出了实行民族区域自治制度的思想。

民族区域自治制度，就是在国家统一领导下，各少数民族聚居地区设立自治机关，行使区域自治权的制度，是中华人民共和国的一项基本政治制度，也是解决国内民族问题的一项基本国策。

早在土地革命战争时期，中国共产党就在革命根据地建立壮族、瑶族、

各族人民携手通过天安门，那一张张欢快的笑脸上绽放着发自内心的喜悦和幸福。

苗族、土家族等少数民族革命政权，长征途中在藏族地区建立博巴政府，在回民地区建立豫海县回民自治政府。抗日战争时期，中国共产党不仅提出了民族区域自治的政策，而且在陕甘宁边区等抗日根据地进行了初步的实践。1941 年 5 月，中央政治局批准了《陕甘宁边区施政纲领》，规定“依据民族平等原则，实行蒙回民族与汉族在政治、经济、文化上的平等权利，建立蒙回民族的自治区”。根据这个纲领的规定，边区政府领导蒙古族、回族人民建立了五个回民自治乡和一个蒙民自治区。

1947 年，中国共产党领导建立了第一个省级民族自治地方——内蒙古自治区，成为实施民族区域自治政策的一个成功范例。

新中国成立前夕，中国共产党决定在全国少数民族聚居地区实行民族区域自治。这个决定在 1949 年召开的中国人民政治协商会议上得到各族各界代表的一致拥护，并在《共同纲领》中确定下来，成为我国的一项基本国策。1952 年，中央人民政府制定了《中华人民共和国民族区域自治实施纲要》。这是我国第一部关于民族区域自治的专门法律法规，为进一步推行民

1965 年西藏自治区的建立，标志着西藏建立了人民民主政权，西藏人民从此享有了自主管理本地区事务的权利。

西藏日報

XIZANG RIBAO

1965年9月 10 星期五

刘主席接見尼泊尔文化代表团 并观看尼泊尔文化代表团的演出

謝富治副总理接見尼泊尔駐拉薩总領事

庆祝西藏自治区正式成立

西藏自治区第一届人民代表大会第一次会议胜利闭幕

西藏自治区宣告成立

拉薩各族各界三万多人隆重集会欢庆全西藏人民的大喜事

謝富治副总理在会上讲話，痛斥印度反动派挑起印巴两国之間大規模武裝冲突，我們西藏人民堅决拥护我国政府的严正立場，密切注視形势的发展，高度警惕印度反动派的挑衅活动，坚决保卫我們祖国的边疆

族区域自治提供了法律保障。1954 年，《中华人民共和国宪法》再次确定了这项制度，标志着民族区域自治制度向着成熟和完备迈出了关键性的一步。

身着民族服装的藏族少女，青春靓丽的面庞散发着幸福的光彩，对未来美好的生活充满了憧憬。

随着民族区域自治制度在法制上的完善，我国加快了建立民族自治区的步伐。1955 年 10 月 1 日，新疆维吾尔自治区成立。1958 年 3 月，广西壮族自治区成立。1958 年 10 月，宁夏回族自治区成立。1965 年 9 月，西藏自治区成立。

1984 年 5 月，在总结三十多年民族区域自治经验的基础上，第六届全国人民代表大会第二次会议制定并通过了《中华人民共和国民族区域自治法》，标志着中国的民族区域自治制度进入新的发展阶段。

实行民族区域自治的地方在 1954 年宪法颁布以前一律称为“民族自治区”。1954 年宪法颁布以后，根据宪法的规定将民族区域自治地方分为：自治区（相当于省和直辖市）、自治州、自治县，撤销了县以下区、乡（村）级民族自治地方。

截至 2007 年，我国已建立 5 个自治区、30 个自治州、120 个自治县（旗）。55 个少数民族中，已有 44 个民族实行了民族区域自治，实行民族区域自治的少数民族人口占少数民族人口总数的 71%，民族自治地方面积占全国总面积的 64%。

各民族自治地方依法成立了自治机关，并合理配备实行区域自治的民族和其他少数民族的人员，切实保障了自治机关内各民族的代表性。民族自治地方的自治区主席、自治州州长、自治县县长全部由实行民族区域自治

1961年4月，周恩来总理来到美丽的孔雀之乡——西双版纳景洪，和各族人民一起欢庆一年一度的傣历新年泼水节，周总理身穿傣族服装，手持银盆与各族人民互相泼水祝福。

的少数民族公民担任。同时，每个民族都有全国人大代表和全国政协委员，人口在百万以上的民族都有全国人大常委和全国政协常委。

实践证明，实行民族区域自治既符合中国历史的发展特点，又符合中国现实国情的要求，具有很大的优越性。它有助于把国家的统一和少数民族的自治结合起来，既维护了国家的主权统一，又保障了少数民族管理本民族地区事务的权利；它有助于把国家的方针政策同少数民族地区的具体特点结合起来，做到因地制宜，从而有利于民族自治地区经济和社会各项事业的发展；它有助于把国家富强和民族繁荣结合起来。

民族区域自治制度的实施，从根本上保证了少数民族当家做主的权

中国印记

我国共有155个民族自治地方，其中，5个自治区分别为：内蒙古自治区，广西壮族自治区，西藏自治区，宁夏回族自治区，新疆维吾尔自治区；30个自治州分别为：吉林延边朝鲜族自治州，湖北恩施土家族苗族自治州，湖南湘西土家族苗族自治州，四川阿坝藏族羌族自治州，四川凉山彝族自治州，四川甘孜藏族自治州，贵州黔东南苗族侗族自治州，贵州黔南布依族苗族自治州，贵州黔西南布依族苗族自治州，云南西双版纳傣族自治州，云南文山壮族苗族自治州，云南红河哈尼族彝族自治州，云南德宏傣族景颇族自治州，云南怒江傈僳族自治州，云南迪庆藏族自治州，云南大理白族自治州，云南楚雄彝族自治州，甘肃临夏回族自治州，甘肃甘南藏族自治州，青海海北藏族自治州，青海黄南藏族自治州，青海海南藏族自治州，青海果洛藏族自治州，青海玉树藏族自治州，青海海西蒙古族藏族自治州，新疆昌吉回族自治州，新疆巴音郭楞蒙古自治州，新疆克孜勒苏柯尔克孜自治州，新疆博尔塔拉蒙古自治州，新疆伊犁哈萨克自治州。

利，极大地激发了各民族广大干部群众的主人翁意识，调动了他们为民族自治地方贡献力量的积极性和创造性，促进了民族自治地方的经济社会全面进步。

新中国成立初期，党中央国务院在推行民族区域自治制度的过程中，对少数民族地区实行了旨在废除剥削压迫制度、实现人身自由和政治平等、解放社会生产力、为各民族发展进步创造条件的民主改革。

在社会结构与汉族地区相同或基本相同、封建地主经济占统治地位的2300万人口的少数民族地区，民主改革的基本方针、政策、时间、方法和步骤大体与汉族地区的土地改革相同；在仍残存奴隶制和农奴制的约100万人口的少数民族地区，采取说服、协商、赎买，不进行面对面的激烈斗争等慎重、温和的形式和方法进行和平改革，于1955年至1960年间先后完成。西藏的民主改革从1959年开始，到1961年底完成；在处于原始社会末期的约70万人口的少数民族地区，则不进行系统的民主改革，而是采取建立生产文化站的形式，通过示范和说服教育，逐步改造原始落后的生产关系，发展经济文化事业；在350万人口的少数民族牧业地区进行民主改革时，实行废除封建特权和剥削、牧场公有、自由放牧、牧工牧主两利和帮助贫困牧民发展生产等保护牧业生产的政策。

新疆吐鲁番闻名遐迩的清凉世界——葡萄沟。这里浓荫蔽日，铺绿叠翠，泉流溪涌，曲径通幽，蜜甜的葡萄，醉人的歌舞，令人心旷神怡。“吐鲁番的葡萄熟了，阿娜尔罕的心儿醉了。”

经过民主改革，废除了各少数民族地区的封建制度、农奴制度和奴隶制度，让千百万贫苦农牧民、农奴和奴隶得到了土地等生产资料，获得了人身自由，成为土地财产和国家政权的主人。

少数民族地区民主改革的完成，推动了农牧业的生产发展，改善了广大农牧民的生活条件，对于促进民族团结和共同繁荣，起到了重要作用。

2. 抢救和保护少数民族文化

新中国成立初期，为了弄清我国各主要民族的情况，搜集解决民族问题所需要的材料，以便制定符合我国国情的民族政策，党和政府组织了全国少数民族社会历史状况调查活动。

少数民族社会历史调查最初是由全国人大民族事务委员会主持，由中央民族事务委员会和中央民族学院协助进行的。调查活动从 1956 年开始，共分 8 个组，先后对蒙古、鄂伦春、鄂温克、藏、维吾尔、壮、苗、布依、瑶、傣、彝、景颇、怒、傈僳、独龙、佤等 20 个少数民族进行了深入细致的调查。

从 1958 年起，调查工作由中国社会科学院民族研究所主持。调查组增至 16 个，分别前往 16 个省、自治区开展调查活动。而那些没有前去调查的省，则由该省的民族事务委员会负责调查。到 1964 年，少数民族社会历史调查工作基本结束。

1979 年 1 月，在国家民族事务委员会的直接领导下，将近十年的调查资料进行了整理，最后公开出版了五种丛书，即《中国少数民族》、《中国少数民族简史丛书》、《中国少数民族语言简志》、《中国少数民族自治地方概况丛书》、《中国少数民族社会历史

蓝蓝的天空，绿绿的草原，奔驰的骏马，这就是令人向往的内蒙古大草原。摔跤是蒙古族人民长期以来十分喜爱的运动，可以锻炼人的力量、体魄和技巧。

调查资料》。

这五种丛书的公开出版，将我国少数民族的历史与现状呈现在世人面前，使人们对我国少数民族的基本状况有了更加全面深刻的了解。同时，也为国家制定符合少数民族实际的民族发展战略，促进少数民族的发展提供了科学依据。

文字，是记录语言的符号，是一个民族文明流传的载体。在新中国成立以前，中国共有21个民族（含汉族）使用24种文字。也就是说，大多数的少数民族已经丧失了本民族的文字，这对于保护民族文化遗产，传承少数民族的文明无疑是不利的。为此，党中央国务院积极组织力量，在少数民族语言调查的基础上，开展了少数民族文字创制和改进工作。

少数民族文字创制和改进工作，遵照了国务院于1957年通过的《关于少数民族文字方案中设计字母的几项原则》的精神，相继为壮、布依、苗、侗、景颇、哈尼、傈僳、佤、黎、纳西、白、土家等12个民族创制了拉丁字母形式的拼音文字。在创制文字的同时，还帮助改进了德宏傣文、西双版纳傣文、景颇文、拉祜文等部分不够完备的民族文字，帮助改革了维吾尔、哈萨克两个民族的文字。

少数民族文字创制和改进工作，是在充分尊重少数民族的意见和要求的前提下进行的。在推行和实验的过程中，有的少数民族改变了当初的选

傈僳族的澡塘赛歌会，过去以洗浴治病为中心的春浴节，现在成了人们休闲度假、歌舞狂欢的节日。人们赛歌、对诗，欢歌笑语，热闹非凡。

中华人民共和国成立后，将民族教育看作全国教育事业的重要组成部分，根据民族教育的实际情况，制定了一系列发展民族教育的政策和措施。

兴办多种形式的民族教育。政府在民族地区兴办了民族小学、民族中学、民族师范学校、民族中等专业学校以及民族学院等，另外还开办了寄宿制民族中小学，内地省份各级各类优秀学校设置新疆班和西藏班，提高新疆和西藏各级各类教育的水平，培养各类优秀人才。

对少数民族学生入学和毕业分配方面给予政策性照顾。少数民族地区的考生，在高考中可获得不同等级的加分。国家有关部门采取积极措施，在招生和毕业生就业中实施倾斜政策，以提高少数民族学生的入学比例和提高少数民族学生就业率。当前少数民族在进入高等学校前期，可以以比汉族学生优惠 80 分的成绩进入高校预科学习，一年后转入本科学习。

择。例如，维吾尔族和哈萨克族选择了恢复原有的阿拉伯文字，而黎族则选择了汉文字，彝族使用改进的“凉山规范彝文”，哈尼族废弃了碧卡哈尼文，保留哈雅哈尼文，西双版纳傣族恢复老傣文，与改进的新傣文同时使用。

中央民族学院文艺楼前。少数民族高等教育的蓬勃发展为民族地区培养了大量各类专门人才，他们成为民族地区各条战线的骨干，促进了中华民族的共同繁荣。

少数民族文字创制和改进工作，是一项史无前例的工作，也是新中国民族工作的一大创举。它对于少数民族文明的保护与传承，对于华夏文明的丰富和发展都具有十分重要的意义。

新中国成立以来，党和政府还把少数民族文化的保护和整理工作作为一项重要工作纳入议事日程。其中，我国对三大少数民族英雄史诗的搜集整理、出版和研究工作取得了巨大成绩，推动三大少数民族史诗从中国逐步走向世界。

这三大少数民族英雄史诗是藏族、蒙古族英雄史诗《格萨尔王传》、蒙古族英雄史诗《江格尔传》和柯尔克孜族传记《玛纳斯》。

《格萨尔王传》被誉为“东方的荷马史诗”，为蒙古族和藏族人民集体创作，形式为说唱，已有数千年历史，最早

文字版本为公元1716年北京蒙文木刻本。

史诗记述的是天神之子下凡到人间，化身为格萨尔王为民除害，救民于水火，威震四方的故事。《格萨尔王传》卷帙浩繁，内容丰富，是研究藏族历史、地理、社会、文化、宗教、风俗习惯、伦理道德和语言的艺术宝库。从某种意义上来说，它就是藏族文化的一部百科全书，具有极高的历史价值。

在国家的大力支持和指导下，经过各民族《格萨尔王传》工作者的共同努力，《格萨尔王传》的抢救工作取得了很大进步。到目前为止，一共搜集到藏文手抄本、木刻本300余部，除去异本，大约有100部。已经正式出版的藏文本70余部，总印数达400多万册，按藏族人口计算，成年人平均每人一本。同时，还出版了20余部汉译本。

《江格尔传》是蒙古英雄史诗。史诗通过描写堂苏克·宝木巴地方以江格尔为首的12名英雄和6000勇士同侵略家乡的各种敌人进行顽强斗争并取得胜利的故事，反映了蒙古族人民的社会生活面貌，塑造了江格尔、洪格尔等英雄形象。1984年，国家民委少数民族古籍整理研究室派专人重新整理江格尔史诗，对原《江格尔传》作了大量补充。1993年，人民出版社出版了《江格尔传》的新版本。新版《江格尔传》的出版，有汉、蒙两种文本，其中汉文全译本共计6册300多万字。该书的出版，对于研究蒙古族的文化，发掘蒙古族的历史无疑是非常有益的。

《玛纳斯》是柯尔克孜大型英雄史诗。《玛纳斯》广义上是指整部史诗，狭义上则是指其第一部。与《格

在旧西藏，文物保护几乎是空白。西藏实行民主改革以后，文物保护工作受到中央人民政府的高度重视。在1959年，我国就成立了西藏文物古迹文件档案管理委员会，集中收集和保护了大量的文物和档案典籍。同时，中央政府专门组织工作组分赴拉萨、日喀则、山南等地，对重点文物进行实地调查。布达拉宫、大昭寺、甘丹寺、藏王墓、江孜宗山抗英遗址、古格王国遗址等九处被列入国务院公布的第一批全国重点文物保护单位。1989年到1994年之间，中央政府拨出5500万元巨款以及大量黄金、白银等贵重物资维修了布达拉宫，这在中国文物保护史上是空前的。2002年开展西藏“三大重点文物保护维修工程”，旨在对布达拉宫、罗布林卡和萨迦寺三大重点文物进行保护和维修，总投资超过3.8亿元。而从2006年至2010年，中央政府计划在总结三大文物维修工程经验的基础上，投资5.7亿元实施西藏桑耶寺、扎什伦布寺、大昭寺、小昭寺、哲蚌寺、色拉寺等九大重点文物工程的保护和维修，涉及14处国家级重点文物保护单位和1处自治区级文物保护单位。从1978至2010年，政府对西藏文物保护的投入超过12亿元。

萨尔王传》和《江格尔传》不同，《玛纳斯》的主人公是一家子孙八代人。史诗歌颂的是柯尔克孜族古代英雄玛纳斯及其子孙的英雄业绩，但以第一部的主人公而命名。

《玛纳斯》不仅是一份珍贵的文学遗产，也是一份珍贵的历史文化遗产。史诗中出现的大量古老词汇、族名传说、迁徙路线、古代中亚和新疆各民族的分布及其相互关系、游牧生活、家庭成员关系、生产工具、武器制造以及服饰、饮食居住习惯、婚丧嫁娶风俗、娱乐方式等，都是研究柯尔克孜民族历史文化的珍贵资料，可以说是一部研究柯尔克孜民族历史文化的百科全书。

国家非常重视对《玛纳斯》的搜集整理工作，从1961年开始组织学者广泛搜集其各种唱本，一共整理出80多位史诗演唱者的资料。著名史诗演唱家居素甫·玛玛依花了一年的时间才唱完整部《玛纳斯》。新疆民间艺术家协会从1984年开始组织出版居素甫的唱本，到1995年底才将柯尔克孜文版《玛纳斯》出齐。《玛纳斯》全文共18卷23万多行，比《荷马史诗》长14倍。

2006年，《玛纳斯》经国务院批准列入第一批国家级非物质文化遗产名录。2007年，经文化部确定，新疆维吾尔自治区克孜勒苏柯尔克孜自治州的居素甫·玛玛依和新疆维吾尔自治区文联民间文艺家协会的沙尔塔洪·卡德尔为该文化遗产项目代表传承人，并被列入第一批国家级非物质文化遗产项目传承人名单。

古老神秘的湘西是土家族、苗族等少数民族居住区域，有着悠久的民族历史文化和奇丽动人的自然风光。图为湘西凤凰古城。放眼望去，老式木板屋、青砖马头墙、临江吊脚楼，还有深巷里的庙宇戏台、傍水的城墙古塔……都将人们引入宁静而朦胧的往事追忆中。

3. 西部大开发与各民族共同发展

我国55个少数民族，大部分聚居于辽阔的祖国西部地区和陆地边境地区，其中80%居住在西部。

西部，有巍巍的高山和雪峰。

西部，有茫茫的大漠和戈壁。

西部，有深深的峡谷和江河之源。

西部，有辽阔的草原和洁白的羊群。

西部，占祖国国土面积的71%，生活着3.6亿炎黄子孙。

西部，有共和国12个省区市。它们是：陕西、甘肃、青海、宁夏、新疆、四川、重庆、云南、贵州、西藏、广西和内蒙。

开发西部，让美丽的西部富裕起来，促进各民族共同发展，是共和国一代又一代人的梦想。从新中国成立到20世纪末，短短50年时间，西部

云南丽江，一个世界闻名的旅游胜地；丽江古城，是中国第一个列入世界文化遗产的少数民族城镇。图为丽江玉龙雪山风景区里的《印象·丽江》大型演出。

经历了三次大规模的建设时期。

第一次是"一五"计划时期(1953—1957)。当时，国家对旧中国遗留下来的工业布局进行了调整，包括西部在内的广大内地成为国家建设的重点。这个时期，西部开发主要集中在西北地区，其投资额占全国投资总额的18.52%，初步形成了以兰州、西安、成都等城市为依托的新工业基地。此外，还修建了成渝、宝成、天兰、兰新铁路和青藏、康藏公路。

第二次是"三线建设"时期(1965—1975)。当时，党中央面对国际形势的变化，过高地估计了战争的危险。因此，制定了全国按一二三线进行工业布局，集中力量建设三线的决策。西部再一次成为建设重点，特别是西南地区。

这一时期，国家在西部地区的投资占全国投资的33.4%，西南占20.93%。当时，主要任务是国防建设，备战是第一要务。国家在三线地区大约投资了2000个项目，形成了45个以重大产品为主的专业生产基地和30多个各具特色的新型工业城市。

然而，由于当时的工业建设布局以国防为主，企业选址按照"山、散、洞"的原则，投资效益差；也由于多数大中型企业是从内地搬迁过来的，并不能拉动本地经济增长；还由于三线建设的资金、物资和部分消费品是由东中部地区提供的，带动的是东中部经济等等。这一时期，东西部的差距没有缩小。据统计，1978年，全国人均GNP为375元，西部地区普遍低于这个水平，其中贵州只有175元。

第三次是20世纪90年代中后期。这一时期党中央制定了西部大开发的战略，全面推动西部的发展，促进各民族的共同繁荣。

20世纪80年代末，东西部差距引起了全社会的高度关注。从90年代中期开始，国家对西部的投资比重开始上升。1999年9月，党的十四届五中全会明确提出了实施西部大开发战略。

全国各省、自治区、直辖市制定的生育政策中对少数民族生育的政策规定大致可分为三类，(1)5个自治区和少数民族人口较多的云南、贵州、青海等省的大致规定是：少数民族可生育两个孩子；有特殊情况的少数民族农牧民，经过批准多生育1个孩子。对总人口很少的民族不限定生育指标。(2)吉林、辽宁、黑龙江、河北、浙江、湖北、湖南、广东、海南、四川、甘肃等省都有少数民族聚居区，建有自治州或自治县，一般都规定少数民族夫妻可生育两个孩子。(3)北京、天津、山西、上海、江苏、安徽、福建、江西、山东、河南、陕西等省(市)属少数民族杂散居地区，在制定的计划生育政策中均考虑到了少数民族的特殊情况。北京、天津、上海三个直辖市规定符合一定条件的少数民族可生育2胎；其他省规定夫妻双方是少数民族的均可生育2胎。

“那是一条神奇的天路，把人间的温暖送到边疆，从此山不再高路不再漫长。”青藏铁路被沿线各族人民誉为团结线、幸福线、生命线，世界上再也没有哪一条铁路能给人以如此的震撼和激动，在“除了月亮之外最神秘的地方”——青藏高原上一条举世瞩目的钢铁巨龙突破生命禁区，穿越戈壁昆仑，飞架裂谷天堑。

从21世纪上半期我国实施第三步发展战略的角度，西部大开发的战略目标是：经过几代人的艰苦奋斗，到21世纪中叶全国基本实现现代化时，从根本上改变西部地区相对落后的面貌，建成一个经济繁荣、社会进步、生活安定、民族团结、山川秀美、人民富裕的新西部。

从阶段性角度看，西部大开发的第一阶段目标，即前10年的目标是：开好头，起好步，使西部地区基础设施和生态环境建设有突破性进展，科技教育有较大发展，资源优势向经济优势加快转化，特色经济初步形成，与东部地区经济和社会发展差距扩大的趋势得到控制。

西部地区的交通发生了翻天覆地的变化，蜀道之难难于上青天已经渐渐成为历史。在这一过程中，青藏铁路的建成通车，具有划时代的意义。

这条跨越了世界“第三极”的铁路，被誉为“天路”。

它改写了西藏不通火车的历史。

它创造了一个又一个的世界第一：世界上海拔最高的铁路，世界最高的高原冻土隧道——风火山隧道，世界最长的高原冻土隧道——昆仑山隧道，世界海拔最高的火车站——唐古拉车

“西气东输”工程签字仪式。这是仅次于长江三峡工程的又一重大投资项目，是拉开西部大开发序幕的标志性建设工程。它的实施对推动和加快新疆及西部地区的经济发展具有重大的战略意义。

站，世界最长“代路”桥——清水河特大桥，等等。

除了青藏铁路已建成通车，郑西客运专线、石太客运专线、宜万铁路、太中银铁路等在建项目稳步推进，兰渝铁路等重点项目也已获准建设。西部地区高速公路通车里程约1.4万公里，占国家规划总里程的39.1%，其中，云南、陕西率先突破2000公里。

乘着大开发的东风，西部地区各地立足本地比较优势，积极调整产业结构，加快培育特色优势产业，在能源及化学工业、优势矿产资源开采及加工业、特色农牧产品加工业、装备制造业、高技术产业、旅游业等六大特色优势产业方面，形成了一批特色优势产业基地和一批在国内外拥有较大知名度和较强竞争力的名优品牌和企业集团。

在发展经济的同时，生态建设也是西部大开发的重要内容之一。从2003年到2007年，退耕还林工程累计安排建设任务26467.1万亩，其中退耕造林8117.1万亩，配套荒山荒地造林16350万亩，封山育林2000万亩，使工程区森林覆盖率平均提高2个百分点；退牧还草工程累计实施安排5.19亿亩，促进了牧场的休养生息和畜牧业生产经营方式的转变以及牧区经济结构的调整；天然林保护工程、京津风沙源治理工程、岩溶石漠化综合治理、三峡库区国土整治及水污染治理、江河源头生态保护、中心城市污染治理等工程均顺利实施，并初见成效。

西部地区的对外开放也迈出了新步伐，东西部地区互动发展呈现出良好势头。据统计，从2000年到2007年，东部地区到西部地区投资经营的企业累计近20万家，投资总额15000多亿元。

西部地区通过组织各类大型投资贸易洽谈活动，积极扩大与东中部地区的经贸交流，带动外商扩大投资规模。西洽会、西博会、中国—东盟博览会已经成为东西部互动合作和吸引外商投资的重要平台。近5年来，西部地区实际利用外商直接投资超过100亿美元。

开放的西部正以前所未有的开放程度迎接四海宾朋、八方来客。

与此同时，西部广大地区积极创造有利于人才成长、发挥人才作用和让人才脱颖而出的社会氛围和政策环境，推动西部各级各类人才队伍建设。西部地区与东部国家机关干部交流的力度不断加大，“西部之光”、“博士服务团”、“大学生志愿服务西部计划”等工程蓬勃发展，成效明显。

西部，正成为人才成长的摇篮，中国改革开放的新热土。

这是一片各民族共同用汗水浇灌的热土，为了她的发展，无数汉族干部群众同各少数民族兄弟并肩战斗，谱写了一曲民族团结的壮歌。

西部大开发战略标志性工程之一——尼尔基水利枢纽工程。它具有防洪、工农业供水、发电、航运、环境保护、鱼苇养殖等综合效益，是嫩江流域水资源开发利用、防治水旱灾害的控制性工程，也是实现“北水南调”的重要工程。

孔繁森

1993 年，孔繁森由拉萨赴阿里地区任地委书记，开始了他第三次支援西藏建设的经历。之前的 1979 年和 1988 年，他曾两次赴西藏工作。工作期间，为发展少数民族教育事业殚精竭虑，使拉萨市适龄儿童入学率由 45%提高到 80%。

阿里地域辽阔，人烟稀少。有时在荒野上奔波了一天，也看不到一户人家。饿了，只能吃一口风干的牛羊肉。渴了，只能喝一口冰凉的雪水。可他却风趣地说："高原上的水绝对没有污染，是世界上最优质的矿泉水！"

在孔繁森的带领下，阿里地区的经济有了很大的起色，1994 年全地区国民收入比上年增长 6.7%。

1994 年 11 月 29 日，孔繁森在去新疆塔城考察边贸途中，因车祸不幸殉职，时年 50 岁。他牺牲后，党中央号召全党全国各族人民向孔繁森同志学习。

"一尘不染两袖清风，视名利安危淡似狮泉河水。二离桑梓独恋雪域，置民族团结重如冈底斯山。"孔繁森葬礼上的这幅挽联形象地概括了优秀的共产党员孔繁森的一生，也表达出了藏族人民对他的深深怀念。

4. 一国两制，港澳回归

香港、澳门、台湾自古以来就是中国的领土。新中国成立后，中国共产党和中国政府为解决台湾与中国大陆分离问题，为恢复行使香港、澳门地区主权，以和平方式统一祖国，确定了“一国两制”的方针。

1979 年元旦，全国人大常委会发表《告台湾同胞书》，提出了和平统一祖国的主张。1981 年 9 月 30 日，叶剑英委员长提出和平统一祖国的九条方针。1982 年 1 月 11 日，邓小平在会见美国华人协会主席时称九条方针是以叶副主席的名义提出来的，实际上就是“一个国家，两种制度”。第一次把中共中央关于和平统一祖国的构想概括为“一国两制”。

“一国两制”，全称为“一个国家，两种制度”，即在一个中国的前提下，国家的主体实行社会主义制度，香港、澳门、台湾保持原有的资本主义制度长期不变。

“一国两制”方针的提出，最初是为了解决台湾问题。

解决台湾问题有两种方式，即和平方式和非和平方式。

20 世纪 50 年代中期，毛泽东、周恩来提出了用和平方式解决台湾问题的设想。1955 年，周恩来在全国人大常委会上提出：中国人民解决台湾问题有两种可能的方式解决问题，即战争的方式与和平的方式，中国人民愿意在可能的条件下，争取用和平的方式解决问题。

1982 年 9 月，英国首相撒切尔夫

台湾位于我国东南海面上，西隔台湾海峡与福建省相望，东临太平洋。自古为中国领土的一部分。现设 7 市、16 县，人口 2172 万（1950 年 256 万）。有汉、高山等民族。台湾省包括台湾岛及澎湖列岛、兰屿、钓鱼岛等岛屿，是我国第一大岛。一条中央山脉纵贯台湾南北，其中的玉山海拔 3952 米，是我国东部最高峰。属热带亚热带季风气候，夏季长达 7—10 个月。年降水量约 2000 毫米。冬风强劲，夏秋多台风暴雨。台湾是祖国美丽富饶的宝岛。水热条件优越，作物可一年三熟，森林覆盖率达 55%，盛产樟木、红桧、台湾杉等，特产天然樟脑、香茅油。近海和远洋渔业发达，尤其盛产珊瑚。

世界记忆

撒切尔夫人，全名玛格丽特·希尔达·撒切尔，她是英国保守党这块“男人的天地”里第一位女领袖，也是英国历史上第一位女首相，而且创造了蝉联三届，长达11年之久的任期记录。英国自19世纪初叶利物浦勋爵连任三届共15年以后，再没有任何一位首相有过如此之长的执政时间。她也是英国历史上第一个以其所推行的一套政策而被冠之以“主义”和“革命”的首相，以其意志刚强，作风果断，不屈不挠而获得“铁女人”之称。

人访华，邓小平同她就双方共同关心的问题进行了会谈和讨论。在谈到香港的前途问题时，邓小平说，在中国收回香港后，“香港现行的政治、经济制度，甚至大部分法律都可以保留，当然，有些要加以改革。香港仍将实行资本主义”。

1984年2月22日，邓小平会见美国乔治城大学战略与国际研究中心代表团时说：“我们提出的大陆与台湾统一的方式是合情合理的。统一后，台湾仍搞它的资本主义，大陆搞社会主义，但是是一个统一的中国。一个中国，两种制度。香港问题也是这样，一个中国，两种制度。”

1984年5月，“一国两制”的构想写进了全国人大六届二次会议通过的《政府工作报告》，成为具有法律效力的基本国策。

“一国两制”构想具有丰富的内容，包括以下基本点：

一个中国，即世界上只有一个中国，台湾是中国不可分割的一部分，中央政府在北京。中国政府坚决反对

回归祖国之夜，香港会展中心灯火通明，天空中流光溢彩，落英缤纷，今夜香港无眠！

中国纪事

香港位于中国南部、珠江口以东，拥有600多万人口，占地面积1070平方千米的香港（包括香港岛、九龙和新界），看起来只是一个弹丸之地，但却是国际上举足轻重的大都会、著名的自由贸易港和重要的国际金融中心，同时也是中国对外开放的窗口。

香港自古以来就是中国的领土。1842年鸦片战争结束后，英国强迫清政府签订了中国近代史上第一个不平等条约——《南京条约》，永久割占香港。1860年，第二次鸦片战争结束，英国通过强迫清政府签订不平等条约——《北京条约》，永久割占了九龙半岛南端。1898年，英国又强迫清政府签订了《展拓香港界址专条》，强行租借九龙半岛大片土地以及附近200多个岛屿（后统称新界），从1898年7月1日起施行，租期99年，也就是到1997年6月30日止。

英国政府正是通过以上三个不平等条约强行割占了香港，但中国人民一直反对这三个不平等条约，历届中国政府也没有承认英国对香港的永久主权。

新中国成立以后，中国政府的一贯立场是：香港是中国的领土，中国不承认帝国主义强加于中国人民的三个不平等条约，主张在适当时机通过谈判解决这一问题，在未解决之前暂时维持现状。

任何旨在分裂中国主权或领土完整的言行，反对“两个中国”、“一中一台”或“一国两府”，反对一切可能导致“台湾独立”的企图和行径。“一个中国”就是国家主权的不可分割性和中华民族的统一性，这是“一国两制”构想的基础和核心。

两种制度，即在坚持一个国家的前提下，实行两种制度，即在统一的中华人民共和国内部，大陆实行社会主义制度，香港、澳门、台湾实行资本主义制度。祖国统一后，港、澳、台现行社会、经济制度不变，生活方式不变，同外国的经济文化关系不变，诸如私人财产、房屋、土地、企业所有权、合法继承权、华侨和外国人投资等，一律受法律保护。

“一国两制”的科学构想，首先应用于香港问题的解决。

1984年9月，中英关于香港问题的联合声明和三个附件在北京草签。中英《联合声明》宣布：“中华人民共和国政府决定于1997年7月1日对香港恢复行使主权。”“根据中华人民共和国宪法第31条的规定，设立香港特别行政区。”“除外交和国防事务属于中华人民共和国管理外，香港特别行政区享有高度的自治权。”12月19日中英《联合声明》在北京正式签字。

1997年7月1日零时零分，伴随着中华人民共和国国歌的雄壮乐曲声，鲜艳的中华人民共和国国旗和香港特别行政区区旗冉冉升起，香港回到祖国怀抱。

继解决香港问题之后，澳门也以一国两制的方式，于1999年12月20日回归祖国。

爱国诗人闻一多先生创作的《七子之歌》曾道出每一个渴望回归祖国的澳门同胞的心声：

你可知"妈港"不是我的真名姓？
我离开你的襁褓太久了，母亲！
但是他们掳去的是我的肉体，
你依然保管着我内心的灵魂。
三百年来梦寐不忘的生母啊！
请叫儿的乳名，叫我一声"澳门"！
母亲，我要回来，母亲！

香港特别行政区区徽是代表香港的徽章。内圆有一朵白色洋紫荆花，红色底色。洋紫荆花是香港市花，代表香港，花蕊以五颗星表示，寓意中华人民共和国与香港特别行政区密不可分的关系。

澳门特别行政区区徽上有五星、莲花、大桥、海水图案，以绿为底色。区徽中间是五星、莲花、大桥、海水，周围以中文书写"中华人民共和国澳门特别行政区"，下为澳门的葡文名"MACAU"。

澳门，是珠江三角洲南段的一个小半岛，由澳门半岛、氹仔岛、路环岛和路氹城四部分组成，北与广东省珠海市拱北连接，西与同属珠海的湾仔和横琴对望，东面与香港相距60公里，中间以珠江口伶仃洋相隔。

澳门是全球人口密度最高的地区之一，在29.2平方千米的地区，生活着50余万澳门人。

澳门原属广东省香山澳、濠镜澳等，历来是中国的领土。

1844年，葡萄牙趁清政府在鸦片战争中战败之机，擅自宣布澳门为"自由港"，自行任命总督，拒绝交纳租税。

1849年，葡萄牙人又赶走了中国驻澳官员，侵占了澳门半岛南端。为使其占领合法化，葡萄牙政府于1887年伺机逼迫清政府在里斯本和北京签订两个条约——《中葡会议草约》和《中葡和好通商条约》，确认"葡国永驻管理澳门以及属澳之地与葡区治理他处无异"。此后，葡萄牙将澳门据为己有。

5. 海峡两岸，血浓于水

台湾，位于祖国东南沿海的大陆架上，地处东经 119° 18'03" 至 124° 34'30"，北纬 20° 45'25" 至 25° 56'30" 之间。北临东海，东北接琉球群岛，相隔约 600 公里；南界巴士海峡，与菲律宾相隔约 300 公里；西隔台湾海峡与福建省相望，最窄处仅为 130 公里。

台湾，战略位置险要，恰巧扼住西太平洋航道的中心，是中国与太平洋地区各国海上联系的重要交通枢纽，素有中国“七省藩篱”之称。

台湾，是中国第一大岛，面积约 3.6 万平方公里。由台湾本岛、澎湖群岛及周围八十多个岛屿组成。

台湾，自古以来就是中国的领土。早在远古时代，台湾同大陆是相连的，是大陆的一部分，只是后来由于地壳运动才分离成为海岛。

我国历史文献中最早记录台湾的是《尚书·禹贡》，当时把台湾称为“岛夷”。秦汉时期，称台湾为“东夷”。三国时期，称台湾为“夷洲”。当时东吴的将军卫温和诸葛直还曾带兵到过台湾，并从台湾带回几千人。隋朝时，称台湾为“琉求”。隋炀帝曾三次派人出师台湾。据史籍记载，公元 610 年，汉族人民开始移居澎湖地区。

到了宋元时期，汉族人民在澎湖地区已有相当数量。宋代将澎湖列岛划归福建泉州晋江县管辖，并派兵戍守。元朝也曾派兵前往台湾。元、明两朝政府在澎湖设巡检司，负责巡逻、查缉罪犯，并兼办盐课。

明朝后期开始出现“台湾”的名

中国纪事

郑成功（1624—1662）是我国明末清初著名的民族英雄。其父郑芝龙，是南明隆武朝“建安伯”，曾组织向台湾移民，积极开发台湾岛。1645 年（清顺治二年），21 岁的郑成功在福州受到隆武帝的召见，颇多赏识，被认为本家，赐他国姓朱，改名成功，因此中外尊称之为“国姓爷”。郑成功的主要活动是在国内明清王朝交替和西方殖民主义者侵略东方的时期展开的，清兵进入福建后，其父芝龙迎降，他哭谏无效，遂起兵反清。后与张煌言联师北伐，震动东南。康熙元年（1662 年），他率将士数万人，自厦门出发，于台湾禾寮港登陆，击败荷兰殖民者，收复台湾。

称。1563年，明朝在澎湖设立“巡检司”。1620年，福建海登人颜思齐和泉州南安人郑芝龙，因不满官府的欺压，率众移居台湾，成为开发台湾的一支新生力量。

1642年，台湾沦为荷兰的殖民地，直到1662年郑成功收复台湾，台湾才回到了祖国的怀抱。郑成功收复台湾后，全力经营台湾，使台湾的经济社会得到迅速发展。

1683年清朝军队进入台湾，于1684年设置台湾府，隶属福建省。1885年，清政府在台湾建省。从此，台湾的经济得到较快发展，成为中国的一个重要省份。

然而，甲午战争的失败，使台湾沦为了日本的殖民地，长达50年之久。直到1945年抗日战争胜利，台湾才重新回到祖国的怀抱。

1949年10月1日，当毛泽东在北京宣告新中国成立的时候，国民党蒋介石集团已在美国的帮助下，退守台湾。就这样，台湾再一次与祖国大陆分离。

1950年，朝鲜战争爆发后，美国派遣第七舰队侵占台湾，形成了所谓的“台湾问题”。

朝鲜战争结束后，美国为了达到长期霸占台湾的目的，先后炮制了“台湾地位未定”、“台湾中立化”等谬论，并于1954年同国民党蒋介石集团签订了《共同防御条约》。

可以说，在1978年党的十一届三中全会前，海峡两岸基本上处于对峙的状态。

从党的十一届三中全会开始，海峡两岸关系开始走向合作与和平统一。在这个过程中，首先倡导第三次国共合作与和平解决台湾问题的是中国共产党。

厦门市鼓浪屿的郑成功雕像

1978年12月，中共十一届三中全会公报谈及中美关系时指出："随着中美关系正常化，台湾回归祖国怀抱的前提已进一步摆在我们面前！"

1982年，"一国两制"的构想一经提出，立即赢得了海内外人士的一致好评。然而，这一科学构想却遭到了台湾国民党当局的反对。国民党当局宣称，我们在任何情况下都绝不会同中国共产党进行任何形式的谈判。

1987年7月，在台湾实行了38年之久的"戒严令"一经解除，立即引发了大陆探亲潮。

回家的门一经打开，前往台湾红十字会办理探亲登记手续的台湾同胞就络绎不绝，排起了长龙。据统计，截止到1988年底，赴祖国大陆探亲的台湾同胞达40万人。到1989年9月，赴祖国大陆探亲、旅游人数已达80余万人。

到了20世纪90年代，两岸之间人员往来交流越来越多，而与此同时，涉及两岸人员之间的纠纷和犯罪活动等突发事件也时有发生。为了妥善处理两岸交往中出现的各种问题，进行两岸事务性商谈已经迫在眉睫。为此，1990年11月21日在台北成立了"财团法人海峡交流基金会"（简称"海基会"），翌年3月该机构正式挂牌运作。1991年12月16日，在北京成立"海峡两岸关系协会"（简称"海协会"）。该协会接受国务院台湾事务办公室的委托，与台湾各有关部门授权团体、人士商谈处理两岸交往中的有关问题，包括签署协议性文件。

大陆海协会成立后不到一个月，就致函台海基会，邀请该会负责人进行会谈。1992年11月，为了通过商谈妥善解决两岸同胞交往中所衍生的具体问题，双方达成在事务性商谈中各自以口头方式表述"海峡两岸均坚持一个中国原则"的共识，这就是著名的"九二共识"。

1993年4月，大陆海协会会长汪

中国纪事

台湾是中国不可分割的一部分，其历任"总统"如下：

第一任：蒋中正，"中华民国三十九年"三月（1950年3月）至"中华民国六十四年"四月（1975年4月）"在任"；

第二任：严家淦，"中华民国六十四年"四月（1975年4月）至"中华民国六十七年"五月（1978年5月）"在任"；

第三任：蒋经国，"中华民国六十七年"五月（1978年5月）至"中华民国七十七年"一月（1988年1月）"在任"；

第四任：李登辉，"中华民国七十七年"一月（1988年1月）至"中华民国八十九年"三月（2000年3月）"在任"；

第五任：陈水扁，"中华民国八十九年"三月（2000年3月）至"中华民国九十八年"五月（2008年5月）"在任"；

第六任：马英九，"中华民国九十八年"五月（2008年5月）

近年来，由于电信业务的发展以及电子邮件的普及，两岸函件往返锐减 26%。但还是有一部分民众痴情于书信问情，骨肉亲情流淌于笔端的幸福感是其他通讯方式无法替代的。

道涵和台湾海基会会长辜振甫在新加坡成功举行了海峡两岸四十多年来首次民间最高层次的会晤。双方就两岸经济合作、科技文化交流及两会联系方式和会谈制度等问题交换了意见，并签署了《汪辜会谈共同协议》等四项协议。“汪辜会谈”标志着海峡两岸关系向前跨出了历史性的重要一步，对两岸关系的发展具有深远的影响。

面对海峡两岸关系出现的良好势头，国家主席江泽民依据“一国两制”的科学构想，就两岸关系的改善与祖国和平统一问题，提出了发展两岸关系建设性的八项看法和主张。这八项看法和主张核心是立足于和平统一与化解矛盾，是中国共产党解决台湾问题的纲领性文件，受到海内外中国人的热烈欢迎，引起了国际社会的广泛关注。

1997 年，两岸关系出现了缓和的趋势。1998 年 10 月，应大陆海协会的邀请海基会董事长辜振甫率参访团对祖国大陆进行了参观访问。按照两会的磋商，汪道涵将于 1999 年秋季赴台参观访问，以促进两岸的对话与交流。然而，就在 1999 年 7 月，李登辉公然宣称海峡两岸关系是“国与国的关系”，“至少是特殊的国与国的关系”，进一步鼓吹“两国论”，制造分裂活动，使刚刚修复的两岸关系再一次受到破坏。

2000年3月，台湾地区领导人进行更迭选举，民进党候选人陈水扁当选。陈水扁上台后，采取了“柔性台独”、“隐性台独”的政策，即在坚持“台独”立场的前提下，避免与大陆发生直接的冲突。2002年8月，他更是提出了“一边一国”论，采取“去中国化”政策，使两岸关系处于危险边缘，严重影响亚太安全，成为“麻烦制造者”，遭到国际社会的谴责。

2005年，在野的国民党主席连战力排众议，率先到大陆展开“破冰之旅”。历史会记住这一天，2005年4月29日，国共两党的领导人抛弃了历史的恩恩怨怨，握手言和，举行了正式会谈。在会谈中，胡锦涛总书记就发展两岸关系提出了四点主张。会谈后，胡锦涛和连战以新闻公报的形式共同发布了五项“两岸和平发展共同愿景”。

度尽劫波兄弟在，相逢一笑泯恩仇。正是基于对“九二共识”的坚持和谋求海峡两岸民众的福祉，担当起振兴中华的共同责任，中国共产党和中国国民党共同翻开了两党关系崭新的一页，为海峡两岸关系的发展创造了新的历史契机。

从1978年党的十一届三中全会开始，海峡两岸关系进入到和平统一的轨道，尽管其间历经波折，但两岸的经贸往来越来越密切，各项民间交流不断发展。

据统计，截止到2006年，两岸经贸总额达到6036.9亿美元，累计贸易顺差3987.6亿美元。台商到大陆投资项目累计71847个，实际投资总额达到439.1亿美元。中国大陆到台湾投

1949年，国民党当局在自己挑起的内战中败北，退到台湾时从祖国大陆带走60万部队。如今这些当年的军人被称为“台湾老兵”。由于这些军人没有技术专长，也缺少文化，只能去干那些别人都不愿干的粗重体力活。因为远离家乡没钱成家，他们当中的相当一部分人，过着孤苦凄凉的生活。1979年元旦，全国人大常委会《告台湾同胞书》发表，明确提出希望恢复两岸同胞间的正常往来，尽早实现两岸“三通”。并且宣布停止对金门炮击，这给台湾老兵的回乡梦带来了一线曙光。但是，台湾当局提出“不接触，不谈判，不妥协”的“三不”政策却打破了老兵回家的希望。而在海内外舆论的谴责下，晚年的蒋经国，终于宣布开放民众赴大陆探亲。思乡心切的老兵奔走相告，传递着这个盼了数十年的好消息，当封闭了近40年的大门轰然打开，游子归家的脚步几乎踏平了波涛汹涌的台湾海峡。如今，很多顺利回到大陆的台湾老兵已经开始了新的生活，或是通过各种方式寻找自己的家人和朋友；或是在乡情的陪伴下定居家乡。政府对这些老兵们也很照顾，免费为他们办理了养老保险，让他们安度晚年，不再有后顾之忧。

1979年元旦，全国人大常委会发表《告台湾同胞书》，首倡两岸“发展贸易，互通有无，进行经济交流”。同年，中共中央、国务院作出试办经济特区的决定。在此吸引下，台商向大陆迈出了试探性的第一步。1990年，中国提出开放、开发浦东的战略决策，台商投资开始涌现“北上”长三角的热潮，据台湾工业总会的统计，到2004年，台商在江苏和上海的投资已占台商在大陆投资总额的55％。2003年振兴东北地区等老工业基地相关政策出台。而此时聚集在长三角、珠三角的台商已经开始从劳动密集型产业向技术密集型产业升级，自然资源丰富、劳动力成本低廉的西部和东北地区开始吸引台商投资大规模进入。2005年4月至7月，中国国民党、亲民党、新党主席先后访问大陆，与中国共产党达成广泛共识，其中多项涉及经贸领域；其间，大陆方面宣布对15种台湾水果实施零关税；9月，国务院台办和国家开发银行共同推出300亿元人民币开发性贷款支持台资企业发展。台商投资企业搭乘着大陆经济高速发展的列车，迅速发展壮大，并且普遍进入收益期。

资项目累计19066个，赴台人数已达93644人。

大陆，已经成为台湾第一大投资市场、第一大贸易市场、第一大出口市场和第一大贸易顺差来源地，台湾对大陆的依存度已经超过40%。近两年，大陆对台实行务实的政策，累计提出并落实56项惠台政策，对消除岛内民众疑虑产生良好的效果。

与此同时，台湾民众也以实际行动支援大陆建设。2008年5月12日，四川汶川发生特大地震灾害以后，台湾同胞在第一时间做出反应，致电慰问、实施救援、慷慨解囊相助。据统计，台湾民众累计捐款7.8亿元，捐献物资3300万元，援建了一百多所希望小学。

青山遮不住，毕竟东流去。海峡两岸同胞同根同源，血脉相连。相信在未来的日子里，海峡两岸同胞一定会跨过那浅浅的海湾，携手共建中华民族共有的美好家园。

2006年7月中国国民党主席连战访问大陆，拜谒南京中山陵，受到南京市民的热情欢迎。这是两岸分隔56年来中国国民党主席首次亲临南京谒陵。无论政治风云如何变幻，血浓于水的骨肉亲情是割不断的。

中国人民解放军驻香港、澳门部队

1996 年 1 月 28 日，中华人民共和国国务院、中华人民共和国中央军事委员会发布公告，宣布根据《中华人民共和国宪法》赋予中国人民解放军的使命和《中华人民共和国香港特别行政区基本法》关于中央人民政府负责管理香港特别行政区防务的规定，为维护国家的主权、统一和领土完整，保持香港特别行政区的繁荣和稳定，中华人民共和国中央人民政府派驻香港特别行政区的部队组建完成。1997 年 7 月 1 日 0 时，遵照中央军委的命令，驻香港部队进驻香港履行防务。

中国人民解放军驻澳门部队是在邓小平同志“一国两制”伟大构想指导下，根据《中华人民共和国宪法》赋予中国人民解放军的使命和《中华人民共和国澳门特别行政区基本法》的有关规定，遵照中央军委的命令组建的，是继香港驻军之后，中国人民解放军派驻特别行政区的第二支部队。1999 年 11 月 10 日，中华人民共和国中央人民政府派驻澳门特别行政区的部队组建完成，于 1999 年 12 月 20 日起正式担负澳门特别行政区防务。

根据《基本法》和《驻军法》的规定，驻港、驻澳部队隶属中华人民共和国中央军事委员会领导，负责特别行政区的防务，不干预特别行政区的地方事务；必要时，应特区政府请求，经中央人民政府批准，协助特区政府维持社会治安和救助灾害。

第六章 国际舞台上的大国风采

1. 独立自主，和平外交

当1949年10月1日新中国诞生的时候，中国所面临的世界是一个美苏冷战正酣、世界分裂为东西方两大阵营的外部环境。

当中国人打开国门，面临的是历届反动政府遗留下来的一个又一个不平等的条约。能否彻底粉碎一个世纪以来帝国主义强加在旧中国身上的枷锁，已经成为摆在每一个中国人面前的历史课题。

对此，站起来的中国人作出了明确的回答：我们的外交方针是坚持独立自主的和平外交。

《中国人民政治协商会议共同纲领》确定新中国外交政策的原则为："保障本国独立、自由和领土主权完整，拥护国际的持久和平和各国人民间的友好合作，反对帝国主义的侵略政策和战争政策。"

新中国的外交方针可以概括为："一边倒"、"另起炉灶"、"打扫干净屋子再请客"。

"一边倒"，就是全面倒向以苏联为首的社会主义阵营一边。毛泽东说，我们在国际上是属于以苏联为首的反帝国主义战线一方面的，真正的友谊的援助只能向这一方面去找，而不能向帝国主义战线一方面去找。在帝国主义和社会主义两大阵营中间，"中立"是不可能的，中国必须站在以苏联为首的和平民主阵营一边。

"另起炉灶"，就是新中国不承认国民党政府同各国建立的旧外交关系，而是要在新的基础上同各国另行建立新的外交关系。对于驻在旧中国的各国使节，人民政府把他们当做普通侨民对待。人民政府不承袭旧的外交关系，这是一百多年来历届中国政府没有做到的。

"打扫干净屋子再请客"，就是中国政府不急于谋求西方资本主义国家的承认，而是先清除帝国主义在华残余势力。1949年2月，毛泽东在石家庄会见苏联领导人米高扬时说，我们这个国家，如果形象地把它比做一个家庭来讲，它的屋内太脏了。解放后我们必须认真清理我们的屋子，从内到外，从各个角落以至门窗缝里，把那些脏东西统统打扫一番，好好加以整顿，等屋子打扫干净，有了秩序，陈设好了，再请客人进来。

1949年10月2日，就在中华人民共和国成立的第二天，苏联政府第一个照会中国政府，表示苏联政府决定同中华人民共和国建立外交关系，并互派大使。

10月3日，毛泽东亲拟电文，向全世界发布了中苏建交的新闻。

此后，保加利亚、罗马尼亚、匈牙利、朝鲜民主主义人民共和国、捷克斯洛伐克、波兰、蒙古、德意志民主共和国、阿尔巴尼亚、越南等10国与中国建交。到1950年10月1日，中华人民共和国已经同17个国家建立了正式的外交关系，得到25个国家公开承认，并同许多国家发展了通商贸易关系。

新中国成立初期，中国外交的最大举动就是毛泽东、周恩来访问苏联，两国签订《中苏友好互助同盟条约》。

1949年12月16日至1950年2月26日，毛泽东率领中国代表团访问苏联，同苏联部长会议主席斯大林会谈中苏关系问题。1950年1月20日，周恩来抵达莫斯科加入谈判。

北京中苏友谊医院，是新中国成立后，斯大林和毛泽东主席亲自商定，由苏联政府和苏联红十字会援助，在北京建立的第一所大医院。它是当年中苏关系蜜月期的见证。

1950年2月14日，中苏双方在莫斯科签订了《中苏友好互助同盟条约》。这是中华人民共和国同外国签订的第一个条约。条约的签订，对于新中国的安全和建设，对于世界的和平，都起了积极的作用。刚刚诞生的新中国，需要一个和平的国际环境，为此，中国政府开展了积极的外交活动，日内瓦会议的召开、和平共处五项原则的提出以及万隆会议的成功举行，是这一时期中国外交取得的积极成果。

朝鲜停战协议签订后，为了通过和平协商缓和朝鲜半岛和印度支那半岛的紧张局势，中国政府提出有关国家在新德里召开圆桌会议、和平解决朝鲜等问题的主张，但由于美国的破坏没有成功。

1953 年 9 月 28 日，苏联政府提出召开苏、美、英、法、中五国外长会议，以审查缓和国际紧张局势的措施。中国政府立即表示赞同，但美、英、法三国迟迟没有回应。

1954 年 1 月 9 日，周恩来发表声明，指出，只有中华人民共和国参加的五国会议，才能促进迫切的国际问题的解决，才会有利于缓和国际紧张局势及保障国际和平与安全。

1954 年 1 月 25 日至 2 月 8 日，苏、美、英、法四国外长举行柏林会议。在中国人民的坚决斗争和苏联政府的坚决支持下，会议决定在日内瓦召开有苏、美、英、法、中五国及其相关国家参加的国际会议，讨论朝鲜和印度支那和平问题。

1954 年 4 月 26 日，有 23 个国家参加的日内瓦会议开幕。

中国政府非常重视这次会议，任命国务院总理兼外交部部长周恩来任首席代表，副外长张闻天、王稼祥、李克农为代表，组成了近 200 人的代表团，出席这次会议。中央为代表团确定了参加会议的方针，即加强外交和国际活动，以破坏美国的封锁禁运、扩军备战的政策，以促进国际紧张局势的缓和，并要尽一切努力达成某些协议，以利于打开经过大国协商解决国际争端的道路。

会上，中、苏、朝、越四国相互团结合作，同美、英、法等国展开了复杂的斗争。但由于美国的阻扰，会议未能就政治解决朝鲜问题达成协议。1954 年 5 月 7 日，越南人民军在以陈赓、韦国清为首的中国军事顾问团帮助下，组织实施的反对法国侵略军的奠边府战役取得胜利，给法国以毁灭性的打击，为日内瓦会议和平解决印度支那问题创造了有利条件。

经过中国代表团积极的外交活动，争取了与会大多数国家的支持，挫败了美国的破坏阴谋，终于在 7 月 21 日通过了《日内瓦会议最后宣言》，签订了在越南、柬埔寨和老挝停止敌对行动的协定，从而结束了法国在印度支那地区长达 8 年之久的殖民战争，缓和了亚洲乃至世界的紧张局势。

日内瓦会议是第二次世界大战后举行的一次重要国际会议。中国代表团在谈判过程中，客观分析了印支三国人民和中国人民的根本利益，利用了美英法之间的矛盾，提出了切实可行的建议，促使会议达成协议，恢复了印度支那地区的和平，这正是中国对日内瓦会议的贡献。通过在日内瓦会议谈判中所起的作用，中国的国际地位得到了提高。而美国由于拒绝在日内瓦协议上签字，反而处于非常孤立的境地。

在平等、互利和互相尊重领土主权的基础上同一切国家建立外交关系，是中国共产党一贯坚持的外交原则。

1953 年 12 月，印度代表团来中国商谈两国历史上遗留下来的一些问题，特别是印度与西藏地方的问题。周恩来总理在会见印度代表团时首次提出，两国应当根据互相尊重领土主权、互不侵犯、互不干涉内政、平等互惠、和平共处的原则解决两国之间悬而未决的问题。印度方面表示十分赞赏。

1954 年 6 月 14 日，周恩来应邀访问印度。同印度总理尼赫鲁进行会谈时，双方对和平共处五项原则予以了高度的评价。在双方发表的《联合声明》中说，和平共处五项原则不仅适用于中印两国，而且也适用于亚洲以及世界其他国家，适用于一般国际关系。

1954 年 6 月 29 日，周恩来应缅甸总理吴努的邀请，访问缅甸。两国在《联合声明》中又一次肯定了和平共处五项原则。

1954 年 6 月，周恩来与尼赫鲁的会谈以及 10 月同日本访华团的谈话中，先后把五项原则中“平等互惠”改为“平等互利”，“互相尊重领土主权”改为“互相尊重主权和领土完整”。这样，和平共处五项原则在文字上的表述就被准确地固定下来了。

和平共处五项原则一诞生，就获

1954 年 4 月周恩来总理参加日内瓦会议，他步伐稳健，眉宇中透着一股英气。在这次会议上，周总理与以美国国务卿杜勒斯为代表的“十六国”，在日内瓦展开了一场没有硝烟的激战。周总理通过有理、有利、有节的斗争，不但打击了美国霸权主义的嚣张气焰，也大大提高了中国的国际威望。

世界记忆

20世纪初，帝国主义列强已将世界基本瓜分完毕，亚洲、非洲、拉丁美洲广大地区沦为殖民地或半殖民地。第一次世界大战和俄国十月社会主义革命促进了殖民地半殖民地人民的民族觉醒，反对帝国主义的民族解放运动出现高潮，沉重打击了帝国主义殖民体系。世界各国人民反法西斯战争的胜利和新中国的成立加深了帝国主义殖民体系的危机。第二次世界大战后，民族解放运动出现了新的高潮。亚洲、非洲、拉丁美洲被压迫民族团结合作，开展武装斗争，赢得了民族独立，使帝国主义殖民体系彻底瓦解。民族解放运动是无产阶级世界革命的重要组成部分，它作为一支独立的积极的革命力量彻底改变了19世纪末以来帝国主义列强主宰世界的局面，对人类历史的发展产生了深远的影响。

得了许多亚洲国家的支持，显示了强大的生命力。1955年万隆会议通过的《关于促进世界和平和合作宣言》，提出“尊重一切国家的主权和领土完整”，“不干预和不干涉他国内政”，“承认一切种族的平等”等十项原则，就是和平共处五项原则的延伸和发展。和平共处五项原则，作为新中国对外关系的基本准则，在国际关系中产生了深远的影响。至今，已有近百个国家在与中国签订的双边文件中确认了和平共处五项原则。

和平共处五项原则，已经得到了越来越多国家的认同，成为现代社会处理国际关系的基本法则。

第二次世界大战以后，民族解放运动蓬勃发展，一大批亚非国家纷纷实现了民族独立。这些国家虽然实行的社会制度不同，但都有一个共同的愿望，就是迅速医治殖民统治遗留的创伤，维护民族独立，促进民族发展。但帝国主义并不甘心失败，英、法等国极力维持其在亚、非国家的殖民统治，而美国则妄图取而代之，把亚洲置于美国的奴役之下。

正是在这样的历史背景下，1954年4月28日至5月2日，缅甸、锡兰(今斯里兰卡)、印度、印度尼西亚和巴基斯坦五国总理在科伦坡举行会议，讨论召开亚非会议。12月28日至29日，五国总理又在印尼举行会议，决定发起万隆会议，邀请包括中国在内的20多个亚非国家和地区参加。

中国政府对召开亚非会议表示欢迎和支持，决定派周恩来为首席代表出席会议。并为中国代表团制定了参加会议的总方针，即争取扩大世界和平统一战线，促进民族独立运动，为建立和加强我国同若干亚非国家的事务和外交关系创造条件。

亚非会议是国际关系史上第一次由亚非国家自己发起的，没有西方殖民国家参加的会议，代表着国际舞台上一种新兴力量的崛起，具有重大的历史意义。会议邀请中华人民共和国政府而没有邀请溃逃到台湾的国民党政府参加，意味着广大亚非国家对新中国政府的认可。

也正因如此，新中国的参加引起了美国和国民党统治集团的憎恨。1955 年 4 月 11 日，中国代表团包租的飞机经停香港时，被国民党特务收买的机场清洁员周梓铭（化名周驹），趁打扫卫生之机，将定时炸弹放进了飞机行李舱。当“克什米尔公主号”飞越北婆罗洲沙捞越西北大纳吐纳群岛附近的中国海上空时，突然一声巨响，飞机像一个大火球一样燃烧着坠入大海。机上中国、越南民主共和国政府代表团成员和中外记者共 11 人遇难。

“克什米尔公主号”飞机遇难的消息，迅即传遍了全世界。然而，卑鄙的暗算并没有达到目的。周恩来因临时应缅甸总理之邀，乘另一架飞机先赴仰光商讨会议的有关事项而幸免于难。

4 月 18 日，亚非会议如期在万隆独立大厦开幕，这次会议就以“万隆”命名载入史册。29 个亚非国家 340 名代表出席会议。印尼总统苏加诺致《让新亚洲和新非洲诞生吧》开幕辞。会议的主要议题是经济合作、文化合作、人权和自决权、附属国问题、促进世界和平合作等。

许多代表发言，强调加强亚洲国家的反帝反殖团结。但是，由于社会制度和意识形态的差异，以及长期的殖民统治在各国间造成的隔阂，特别是美国的挑拨离间，会上有个别代表鼓吹既要反对殖民主义、帝国主义，也要反对共产主义。还有的代表认为，和平共处是共产党的语言，反对采用。有的代表对新中国的外交政策表示怀疑，无端指责中国可能利用华侨的双重国籍对别国搞颠覆活动。

会议气氛陡然紧张起来，面临着误入歧途的危险。无数双或同情或焦虑的眼睛注视着周恩来，注视着中国。

周恩来将准备好的发言稿改作书面发言，即席作补充发言，全面阐述了中国的内外政策。他说，中国代表团是来求团结而不是来吵架的，是来求同而不是来求异的；寻求解除亚非国家被殖民主义造成的灾难和痛苦的办法，就是我们的共同基础；中国将台湾问题、在联合国的合法地位问题搁置不提，就是为了求同而存异；虽然各国的思想意识不同，社会制度不同，但和平共处五项原则完全可以成为我们建立友好合作和亲善睦邻关系的基础；中国信仰共产主义，但仍有其他教徒，这并不妨碍中国的内部团结，也不应该成为亚非国家团结的障碍；中国绝无颠覆邻邦政府的意图，也决不会利用华侨对别国搞颠覆活动。最后，周恩来热情地倡议：让我们亚非国家团结起来，为亚非会议的成功努力吧！

短短 18 分钟的发言，改变了大会

的气氛。

周恩来的话音刚落，会场里立即爆发出经久不息的掌声和欢呼声，与会的代表纷纷离座与周恩来握手致意。菲律宾外长罗慕洛说："这个演说是出色的、和解的，表现了民主的精神。"

由于周恩来的力挽狂澜，会议进入实质性讨论阶段。经过与会代表的共同努力，亚非会议取得圆满成功，于4月24日闭幕。

亚非会议通过了《关于促进世界和平和合作宣言》，在和平共处五项原则的基础上，提出了促进世界和平合作的十项原则。会议所显示的亚非人民团结一致，反对帝国主义和殖民主义，争取和维护民族独立，保卫世界和平，增进各国人民之间友好合作的精神，被人们誉为"万隆精神"。

1955年4月19日周恩来总理在第一次亚非会议（万隆会议）上提出了著名的"求同存异"方针，使会议走上了正确的轨道，表现出了杰出的外交才能。图为周恩来总理在大会上发言。

2. 中国对苏联说“不”

新中国成立初期，实行的是“一边倒”的外交政策，即全面倒向以苏联为首的社会主义阵营，中苏两国关系十分密切。“苏联的今天就是我们的明天”，是那个时代最响亮的口号。

然而，随着两国交往的增多，苏联的“大国沙文主义”日益抬头。同时，苏共和中共之间分歧日益增多，争论不断，最终导致两国关系全面破裂。

1956 年 2 月 14 日至 25 日，苏共召开二十大。在事先没有与其他兄弟党通气的情况下，苏共总书记赫鲁晓夫在会上作了秘密报告，主要是揭露个人崇拜现象。这次会议在国际共产主义运动内部激起了极大的波澜，特别是对东欧各国造成极大的冲击。资本主义世界和帝国主义阵营则利用所获得的材料发起攻势，诋毁社会主义，掀起反苏、反共、反社会主义的浪潮。

对于苏共二十大的许多观点，中国共产党有着不同的意见。1956 年 4 月和 12 月，中国共产党发表了《论无产阶级专政的历史经验》和《再论无产阶级专政的历史经验》两篇文章。这两篇文章对斯大林的一生作了全面的分析，肯定了十月革命道路的普遍意义，委婉地批评了苏共二十大的一些观点。

1957 年 11 月，毛泽东率党政代表团访苏，参加了十月革命 40 周年庆祝活动，并出席在莫斯科召开的社会

1957 年 11 月，毛泽东主席参观莫斯科大学学生宿舍时与中国留学生交谈。

主义国家共产党和工人党代表会议及64个共产党和工人党代表会议。会议期间，中共代表团和苏共代表团在一些问题上发生了原则性的争论。中共代表团虽然抵制了苏共的一些观点，但也作出了必要的让步。

国际共产主义运动中出现意见分歧，本来是正常的事情，大家可以通过协商和谈判的方式加以解决，但苏共领导人却以其二十大的路线代替国际共产主义运动的路线，并力图强加于人。

在两国关系上，苏联也想控制中国。1958年4月18日，苏联国防部长致信中国国防部长，要求在中国海岸建立特种收发报的长波电台，提出所需费用大部分由苏联承担，小部分由中国承担。6月12日，中国国防部长复函苏联，表示同意建设长波电台，但坚持一切费用由中国承担，主权是中国的。但苏联方面仍然坚持在中国领土上由中苏共建共管，这是中国不能接受的。

7月21日，苏联驻华大使代表赫鲁晓夫向毛泽东提出在中国建设一支共同的原子潜艇舰队的问题。毛泽东认为，建立联合舰队同建设长波电台一样，是一个涉及主权的政治问题，不能搞。

1958年7月31日至8月3日，苏共中央第一书记赫鲁晓夫访问中国，在同毛泽东等中国领导人进行会谈时，推托了责任。他说，中苏共建长波电台问题，那是苏联国防部长提出的，未经苏共中央讨论。关于建立联合舰队问题，那是苏联大使没有准确地传达他的意思，因而造成了误会。在这次会谈中，苏联领导人虽然没有再坚持原来的主张，但是这两个问题的提出和争执，却使两国关系趋于紧张。

1959年6月，在赫鲁晓夫访问美国前夕，苏联政府片面撕毁了中苏1957年签订的有关为中国核工业提供核技术的协定。随后，中印之间发生第一次边境冲突，赫鲁晓夫担心此事对他的美国之行不利，不顾中方的一再劝阻，于1959年9月9日就中印边界冲突发表了一个表面中立，实际偏袒印度的声明。这样，就把中苏关于一项重大对外事件中的不同立场暴露在世界面前。

赫鲁晓夫访美后，来北京参加中华人民共和国国庆十周年的庆祝活动，在同毛泽东的会谈中，埋怨中国1958年炮击金门、马祖给苏联“造成了困难”，竟提出让中国放弃对台湾使用武力，甚至暗示中国可以考虑暂时让台湾独立。这种干涉中国内政的大国沙文主义行径，引起了中国的警惕，给中苏关系投下了一道阴影。

1960年6月，苏共利用罗马尼亚工人党召开第三次代表大会之机，在布加勒斯特组织召开了一次社会主义各国党代表的会晤，借机对中国共产党搞突然袭击，指责中国共产党“要发动战争”，在中印边境问题上搞“纯粹民族主义”等。当中国共产党据理力争之后，苏联进一步在国家关系方面向中国施加压力。

1960年7月16日，苏联政府突然照会中国政府，单方面决定召回苏联专家。不等中国政府答复，苏联政府于7月25日通知中方，在中国工作的苏联专家将于7月28日至9月1日全部离开中国。同时，中止按照协定应该派来中国工作的900多名专家来华。中国政府复照苏联政府，希望重新考虑召回专家的决定，但遭到苏联方面的拒绝。就这样，在一个月的时间内，苏联政府撤走全部在华工作的1390名专家，撕毁中苏两国政府签订的12个协定和两国科学院签订的1个议定书以及340多份专家合同，废除200多个科技合作项目。苏联政府的这一行为，打乱了中国发展国民经济的计划，加重了中国经济的困难，进一步破坏了中苏关系。

中苏关系恶化后，苏联于1960年夏天不断挑起边境事件，尤其严重的是，1962年5月，苏联竟在中国新疆的伊犁地区策划大规模的颠覆活动，引诱和胁迫6万多中国公民跑到苏联境内。中国政府再三抗议与交涉，苏联政府拒绝遣返中国公民。

1963年7月14日，苏共中央发表《给苏联各级党组织和全体共产党员的公开信》，采取歪曲事实的手法，对中国共产党进行攻击。中国共产党则选择了公开答辩的办法来应对，《人民日报》编辑部和《红旗》杂志编辑部联合发表文章，公开评论苏共中央的“公开信”。中国共产党先后发表的评论文章有9篇，称为“九评苏共中央公开信”。这样，中苏两党之间展开了一场公开的论战。

1964年10月，赫鲁晓夫下台。11月，中国共产党派出了以周恩来为首的党政代表团前往莫斯科参加十月革命胜利的庆祝活动。希望苏共新的领导人能够改弦更张，放弃错误的立场。但苏共新的领导人仍然坚持过去的做法，终于导致中苏两国关系彻底破裂。

中苏关系破裂，是中苏之间控制与反控制斗争的必然结果。在这一历史过程中，中国捍卫了自己的独立和主权，开始成为两个超级大国之外的一支独立的力量。

3．主权与领土完整不容侵犯

祖国的领土完整是神圣不可侵犯的。新中国建立以来，在强大的人民军队的保卫下，我们筑起了钢铁长城。从20世纪60年代的中印自卫反击战、珍宝岛事件，到70年代的对越自卫反击战，中国军人用血染的风采捍卫了祖国的尊严，维护了祖国的主权和领土完整。

中国和印度是亚洲两个大国，也是友好邻邦。两国边界长达2000多公里，但是历史上没有正式划定过。双方按照行政管辖所及范围，形成了一条传统的边界线，即东段沿喜马拉雅山南麓，中段沿喜马拉雅山脉，西段沿喀喇昆仑山脉。

英国侵入印度以后，便从印度不断向东蚕食中国领土。1914年3月，英国殖民者同西藏地方当局代表，背着中央政府，用秘密交换的方式，制造了一个所谓的“麦克马洪线”，以此为界线，把中印边界东段属于中国的9万多平方公里的土地，划归英属印度所有。这是英国强加给中国的，历届中国政府都没有承认过。

中华人民共和国成立以后，印度政府承袭了英国侵略者的扩张企图，不断越过中印双方的实际控制线，蚕食中国领土。1959年8月25日，侵入“麦克马洪线”以北的印度军队竟向中国驻军开火，在中国军队被迫自卫还击下，印度才不得不退往“麦克马洪线”以南。10月21日，印度军队又在中印边界西段侵入中国空喀山口，后被击退。

为了避免武装冲突，中国政府多次建议中印双方按照和平共处五项原则，通过友好协商全面解决边界问题。中国总理周恩来多次致信印度总理尼赫鲁，表示中国政府愿意竭尽一切努力，在中印两国之间创造一条最和平安全的边境地带，以根本消除今后发生任何边界冲突的事件。还提出双方武装部队立即从东边的“麦克马洪线”和西边的双方实际控制线各自后撤20公里、双方停止边境巡逻、对有争议的边境地点双方都不派驻武装人员等项避免“摩擦冲突”的建议。

1960年4月，周恩来总理访问印度，同尼赫鲁总理举行会谈，以谋求和平解决中印边界问题。但是印度政府没有和平解决边界问题的诚意，无理要求中国无条件地接受它的全部领土要求，致使会谈毫无结果。

印度政府继续制造新的边界冲突，继续贯彻它的“前进政策”。在西段，截至1962年10月20日，印军在中国境内建立了43个据点；在东段，仅1962年上半年就沿着所谓的“麦克马洪线”建立了大约24个新哨所；在中段，1961年6月，印军50余人侵入中国领土乌热地区，修筑了碉堡等工事。

1962年8月至10月，中国政府反复建议中印双方讨论边界问题，不仅遭到了印度政府的拒绝，而且，印方还在中印边境集结了2.2万余人的军队。10月18日，印度军队在边界东、西两段向中国军队发动了全面进攻。

中国的边防军在忍无可忍的情况下，于10月20日被迫在东、西两段自卫反击。经过一个多月的激烈战斗，中国边防部队粉碎了印军的多次进攻，全面拔除了设立在实际控制线中国一侧的印军侵略据点，收复了失地。

1962年11月21日，中国政府发表声明，宣布从次日起，中国边防部队在中印边界全线主动停火；从12月1日起，中国边防部队开始从1959年11月7日中印双方实际控制线后撤20公里。随后，中国政府又宣布释放和

乌苏里江上著名的珍宝岛，1969年的自卫反击战就发生在这里。在当年那场激烈的战斗中，中国军人表现出了不畏强暴、不怕牺牲、勇敢战斗的精神，可歌可泣，气壮山河。

遣返印军被俘的全部军事人员，归还在冲突中缴获的大量武器弹药和其他军用物资。

在中印双方的边界冲突中，中国军队捍卫了国家的尊严，保卫了国家领土的完整。中国政府在冲突中所采取的政策和行动，为谋求和平解决国家间的边界问题开创了先例。

1966年“文化大革命”爆发后，全国陷入了动乱之中。但人民军队仍然坚守岗位，守卫着祖国的边防。发生在1969年的珍宝岛自卫反击战就是其中的一例。

珍宝岛，位于乌苏里江主航道中心线中国一侧，面积0.74平方公里，属于黑龙江省虎林县，自古以来就是中国的领土。

自1967年起，苏联军队多次侵入珍宝岛及其以北的七里沁岛地区，无理干扰中国居民的正常通行和生产活动，阻止中国边防部队执行正常巡逻勤务，并打死打伤中国边民和边防战士。

中国政府一再严正要求苏方立即停止对中国的入侵挑衅活动，恢复边境的正常秩序和安宁。但苏联方面对此置若罔闻，反而频繁侵入中国边境进行挑衅。

1969年3月2日晨，苏联边防军出动70余人，利用乌苏里江冰封季节，分乘4辆军车，侵入珍宝岛，向执行巡逻任务的中国边防军发动突然袭击。

中国军队在异常危急的形势下，被迫进行自卫还击，给入侵的苏军以打击并驱逐出珍宝岛。当天，中国外交部照会苏联驻华大使馆，就苏联边防军挑起的严重边境武装冲突事件，向苏联方面提出最强烈的抗议。

但是，苏联政府根本不理会中国的抗议，从3月4日到12日，出动边防军和飞机，连续入侵珍宝岛。3月15日晨，苏联出动20余辆坦克、30余辆装甲车和大批武装部队，在飞机的掩护下，再次向珍宝岛发动大规模进攻。

中国守岛部队和民兵奋起自卫，给予侵略者以迎头痛击。下午，苏军又用重炮向中国境内纵深开火，并不断派遣增援部队向驻守珍宝岛的中国军队冲击。中国边防军英勇顽强地同敌人激战9小时，顶住了6次炮火袭击，击退了苏军的3次进攻，迫使苏军撤出珍宝岛。

3月17日，苏联边防军又先后出动3辆坦克和100余名步兵，在炮火的掩护下，再次向珍宝岛发动攻击。中国边防军以前沿和纵深的炮火，猛烈轰击登岛的苏军，毙伤部分入侵者，其余的仓皇逃窜。

珍宝岛自卫反击战的胜利，保卫了国家领土的完整，维护了国家的尊严。在战斗中，中国军人所表现出来的不畏强暴、不怕牺牲、勇敢战斗的精神，极大地鼓舞了中国人民反对外来侵略者的信心和勇气。

发生在1979年的对越边境自卫反击战，也证明了中国军人所具有的这种战斗精神，证明了人民军队是可以让人信赖的坚强柱石。

中国国旗护卫队的战士们雄姿英发地走在天安门广场上，他们是我军威武之师形象的缩影，是我军对外形象展示的窗口。

4. 重返联合国

中国是联合国创始会员国和安理会五个常任理事国之一。1945年6月，包括中共代表董必武在内的中国代表团在联合国宪章上签了字。1949年10月1日，中华人民共和国成立，作为中国唯一的合法政府，理应享有在联合国的一切权利。

1971年10月，第26届联合国大会以压倒多数通过了关于恢复中华人民共和国在联合国的一切合法权利的决议。出席大会的中国外交部副部长乔冠华（左）和中国常驻联合国代表黄华无比欣喜，这是中国外交的巨大胜利，表明中国的国际地位得到了应有的承认。

但是，自1950年起，美国操纵联合国一些国家，以“中国侵略朝鲜”，“应延期审议”为名，阻挠讨论恢复中华人民共和国在联合国的合法权利问题。

从1961年起，美国及其盟国每年都要提出一项议案，利用它们暂时控制的多数，强行把讨论恢复中华人民共和国在联合国的合法权利这个原来只需要简单多数即可决定的程序性问

世界记忆

我国是联合国安全理事会五个常任理事国之一。联合国安全理事会，简称“安理会”，由中国、法国、俄罗斯、英国、美国等五个常任理事国和十个非常任理事国组成。非常任理事国按地区分配原则由大会选举产生，任期两年，不能连选连任。

联合国成立于1945年10月24日，是一个统一的世界性综合性的政府间国际组织，现有192个会员国。联合国大会总部设在美国纽约、瑞士日内瓦、奥地利维也纳，现任联合国秘书长潘基文。联合国作为当今世界最大、最重要、最具代表性和权威的国际组织，其国际集体安全机制的功能已经得到国际社会的普遍认可。

题，列为必须由联合国大会 2/3 多数票赞成才能做出决定的所谓“重要问题案”，借以阻挠中华人民共和国进入联合国。

20 世纪 70 年代，一大批第三世界国家加入了联合国。随着中国国际影响的日益扩大，支持美国“重要问题案”的国家越来越少。1970 年，阿尔巴尼亚等国提出的恢复中国合法权利提案第一次以 51∶49 获得多数票。在这种形势下，美国变化手法，除继续坚持“重要问题案”外，又炮制了一个所谓的“双重代表权”的新提案，既不反对联合国接纳北京，又不反对驱逐国民党蒋介石集团，主张中华人民共和国和台湾都可以在联合国拥有席位。

1971 年 7 月间，美国总统尼克松的国家安全事务助理基辛格秘密访问北京时，曾就这个方案试探中国领导人的态度，周恩来当即表示反对。他说：中国不是联合国会员国已经很久了，中国可以再等一段时间，但决不会接受任何形式的双重代表权。

然而，美国政府不顾中国政府的反对，一意孤行。8 月 17 日，美国政府向联合国秘书长递交了一份备忘录和一封信，主张“中华人民共和国应当有代表权”，同时又主张应当规定不剥夺台湾当局的“代表权”，企图在联合国内制造“两个中国”。

对此，中国政府表示坚决反对。8 月 20 日，中国外交部发表声明宣布，只要在联合国出现“两个中国”、“一中一台”、“台湾地位未定”或其他类似情况，中国政府就坚决不同联合国发生任何关系。

9 月 22 日，联合国总务委员会决定把关于驱逐蒋介石集团，恢复中华人民共和国合法席位的提案，放在美国“双重代表权”提案的前面。这样，就可以先讨论通过前一个提案，从而使美国的所谓“双重代表权提案”自然作废。

从 10 月 18 日开始，第 26 届联大就恢复中华人民共和国在联合国的合法权利问题进行了一周的专门辩论。

2007 年，在台湾当局的唆使下，所罗门群岛、马拉维等少数国家致函第 61 届联大主席，要求将所谓“台湾加入联合国”问题列入第 62 届联大议程。台湾当局认为“中华民国”在台湾的正统性是延续的，“中华民国”曾是联合国创始会员国，因此主张“重返”联合国。在 2005 年台湾就曾为加入“菸草控制框架公约”，要求台湾“邦交国”代为递送申请书，当时的联合国秘书长安南收到之后，仅说了一句“我收到申请书”，之后就无下文，台湾申请案如石沉大海。2007 年，台湾“外交部”再次将“入联申请书”委由台湾南太平洋“邦交国”瑙鲁，代交美国纽约联合国秘书处，转函给秘书长潘基文。结果，潘基文退件给瑙鲁，理由是“台湾是中华人民共和国的一部分”，不具有会员身份，不接受此申请书。再次粉碎了少数台独分子争取所谓国际空间的野心。

25 日，联合国大会就美、日联合炮制的把蒋介石集团代表驱逐出联合国需要 2/3 的多数票才能通过的提案进行表决时，以 59 票反对、54 票赞成、15 票弃权否决了美、日的提案。

当电子计票牌出现这一表决结果时，会议大厅顿时沸腾了。热烈的掌声持续了好几分钟，许多国家的代表高声欢呼，人们相互热烈拥抱，庆祝这一欢乐的时刻。坦桑尼亚的代表从会场后排跑到前排，高兴得跳起舞来。台湾当局的代表眼看大势已去，立即宣布退会。

11 月 15 日，中华人民共和国代表团正式出席第 26 届联大会议，受到与会各国代表的热烈欢迎。乔冠华团长在大会上发言，向全世界阐明了新中国的对外政策。

中华人民共和国在联合国合法地位的恢复，是中国外交工作的重大胜利，大大提高了中国的国际地位，为中国的发展创造了更加广阔的舞台。

中华人民共和国在联合国合法地位的恢复，也是广大第三世界国家和其他友好国家努力奋斗的结果，必将进一步增强第三世界国家在联合国的力量，对于维护世界和平具有重要意义。

5. 破冰之旅：中美、中日关系正常化

1970年国庆节，毛主席、周总理在天安门城楼会见美国作家埃德加·斯诺及其夫人，这位中国人民的老朋友1937年的作品《西行漫记》在英国伦敦公开出版，在中外进步读者中引起极大轰动。1938年2月，中译本又在上海出版，让更多的人看到了中国共产党和红军的真正形象。

1971年4月初，第31届世界乒乓球锦标赛在日本名古屋举行，崇尚宁静的日本人似乎并没怎么去关注比赛。突然，来自一衣带水的邻邦的一条消息打破了这里的宁静，中国邀请美国乒乓球队访问北京！

4月10日，美国乒乓球队经香港飞抵北京。14日，周恩来在人民大会堂接见了来自美国、加拿大、哥伦比亚、英国、尼日利亚的乒乓球代表团。他亲自为这次会见设计了椭圆形的会场。

当美国乒乓球代表团回国后，尼克松便迫不及待地在白宫草坪接见了他们。从他们那里，他得到了从毛泽东、周恩来那里传递来的更多消息。

1971年7月9日至11日，美国总统特使基辛格秘密访问中国，同周恩来总理举行了会谈。中美双方发表公报宣布，尼克松总统将在1972年5

月以前访问中国。这一消息一经发布，在全世界引起了巨大的震动，它标志着中美关系有了重大突破。

1972 年 2 月 21 日周恩来总理在机场迎接访华的美国总统尼克松，这是一次著名的“第一次握手”，标志着两个对立了三十余年的大国终于开始走向和解与合作。

1972 年 2 月 21 日至 28 日，尼克松总统访问了中国。21 日下午，毛泽东会见了尼克松，就中美关系和国际事务认真地交换了意见，为中美关系走向缓和定下了基调。

2 月 28 日，中美在上海签署了举世瞩目的《联合公报》。公报确认双方准备在他们的相互关系中实行和平共处五项原则。双方声明，“任何一方都不应该在亚洲—太平洋地区谋求霸权，每一方都反对任何其他国家或国家集团建立这种霸权的努力”。

关于台湾问题，美国在公报中声明，“美国认识到，在台湾海峡两边的所有中国人，都认为只有一个中国，台湾是中国的一部分。美国政府对这一立场不提出异议”。美国确认了从台湾撤出全部美国武装力量和军事设施的最终目标。

中美联合公报的发表，是中美关系史上的一个重要里程碑，标志着中美关系正常化的开始。它所确立的两国关系准则，为中美两国以后不断扩大交往开辟了道路。

历史性的时刻：毛泽东会见尼克松

中美关系的改善，对中日关系产生重大影响。当尼克松访华的消息传来，日本朝野各界纷纷谴责日本政府错误的对华政策，敦促日本政府实现中日邦交正常化。1972 年 7 月 25 日，日本内阁总理大臣田中角荣访问中国。7 月 27 日，毛泽东会见了

1972 年，毛泽东会见日本首相田中角荣。

田中角荣。日本方面对过去日本军国主义者发动的侵略战争表示反省；中国政府从中日两国人民的友好考虑出发，放弃对日本的战争赔偿要求。

7 月 29 日，中日双方在北京签署了建立外交关系的《联合声明》。声明提出：自本声明公布之日起，中日之间迄今为止的不正常状态宣告结束。日本方面痛感过去由于战争给中国人民造成重大损失的责任，表示深刻的反省。日本政府承认中华人民共和国政府是中国唯一合法政府，台湾是中华人民共和国领土不可分割的一部分。

中日建交，结束了两国长期敌对的历史，开始了新的睦邻友好关系。中日邦交正常化的实现，是中日两国人民艰苦努力的结果，揭开了中日关系史上崭新的一页。这对于亚太地区的稳定和发展，无疑具有特别重要的意义。

1972 年 9 月 29 日中日正式建交仪式现场，周恩来总理和日本总理大臣田中角荣在北京签署了中日《联合声明》，中日关系开始迈向正常化。

中国印记

1972 年中日《联合声明》第七条："中华人民共和国宣布，为了中日两国人民的友好，对日本国不提任何有关两国间战争的赔偿要求。"至此中国全面放弃了对日本的索赔。而在中国政府放弃索赔后，日本政府对中国进行了一些其他援助：1978 年 8 月，中日签署《中日和平条约》后，日本开始向中国政府连续四次提供低息贷款，除此之外，日本还提供了一些无偿援助。从 1979 年至 1993 年底日本对华无偿资金援助 878.11 亿日元(按当时平均兑换价折合 6.41 亿美元)、无偿技术援助 635.14 亿日元(按当时平均兑换价折合 4.64 亿美元)，两项计 11.05 亿美元。

6. 人民军队的国际使命

在新时期，人民解放军逐步实行了对外开放。加强和巩固了同周边以及第三世界国家的军事友好关系，例如与朝鲜、巴基斯坦、孟加拉国、泰国、印度尼西亚、菲律宾、韩国和新加坡等周边国家的军事交往逐步增强，扩大了合作的领域。同时，与美国为首的西方发达国家的军事交往发展迅速，与法国、英国和意大利等欧洲国家的军事交往也全面展开。自从1978年法国派军舰访问上海以后，许多国家都相继派军舰访华。

中国在打开国门欢迎外国军事代表团和军舰访问的同时，也派出军事代表团出国访问。国际上将海军称为“浮动的国土”，因此，海军在对外交往中发挥着独特的作用。改革开放以来，我人民海军多次派遣军舰出访，创造出一个又一个“首次”。1985年11月16日到1986年1月19日，人民海军舰艇编队访问巴基斯坦、斯里兰卡和孟加拉国，是中国海军军舰首次出国专门执行外交使命的正式开始，

出访美国、文莱、新加坡三国的我国自行研制的新型导弹驱逐舰“深圳号”载誉归来，展现出人民海军威武之师、文明之师的雄姿。

也是首次进入印度洋。此后，人民海军的航迹遍布世界。

中国人民解放军在维护国家安全的同时，也在为维护世界和平，促进共同发展发挥着积极作用。中国先后签署、批准和提出了一系列的国际条约，积极参加多国联合反恐军事演习，参与联合国维持和平行动，为推进世界的和平与稳定做出了努力。

1994年1月，中国向美、俄、英、法等国提出《互不首先使用核武器条约》。1996年9月，中国在《全面禁止核武器试验条约》开放签署日当天就签署了该条约，成为条约的首批签约国。2008年2月12日，中国与俄罗斯在日内瓦裁军谈判全体会议上提交了《防止外空放置武器、对外空物体使用或威胁使用武力条约》草案，提出了通过谈判达成一项新的国际法律文书，防止外空武器化和外空军备竞赛，维护外空的和平与安宁。

2001年9·11恐怖主义袭击事件发生后，中国积极展开与有关国家的联合反恐军事演习。2002年10月，中国与吉尔吉斯斯坦进行了联合反恐演习。2003年8月，中国参加了由上海合作组织举行的联合反恐军事演习。2005年8月，中国和俄罗斯举行了联合军事演习。此外，中国人民解放军还与巴基斯坦、印度等国家的部队进行了不同规模的联合反恐军事演习。

中国作为致力于维护国际和平与安全的国家，积极参与了联合国的维和行动。从1982年1月起，中国开始缴纳联合国维和部队的有关分担费用。1986年，中国政府派人前往中东实地考察了"停战监督组织"。1988年，中国成为联合国维持和平行动特别委员会委员。1989年，中国首次派出200人参加联合国纳米比亚过渡时期选举监督员。1990年4月，中国首次向联合国维和行动派遣了军事观察员参加维和行动。从那时起，中国先后派出多批军事观察员、军事顾问和参谋军

中国纪事

中国的反恐怖特种部队（被誉为"东方反恐劲旅"，英文为Special Police of China，意为中国特警）最初组建于1982年，是武警特警学院的前身。1983年更名为"中国人民武装警察部队特种警察大队"。2000年5月，经中央军委批准，它有了现在的名称——"中国人民武装警察部队特种警察学院"。作战队主要担负反恐作战、战备执勤、外事表演等任务。深受广大观众欢迎的电视剧《武装特警》就取材于特警学院。武警特警部队专用于对付劫机等严重暴力犯罪和恐怖活动。由于任务重要而特殊，该部队装备了国内外最先进的警用装备，还配备有直升机和飞艇。此外，为对付恐怖分子的炸弹，特警还配备了专用的、最先进的防爆服、防爆罐、防爆车和防爆机器人等。凭借先进的装备以及高超的作战技能，中国武警特种警察部队完成了数十次反恐怖犯罪任务。

2008 年 4 月在重庆举办的第四届国际军博会上，反映军事题材的首届中国军事摄影展也隆重开幕，吸引了不少摄影爱好者和市民的眼球。一位少女正在关注中国维和部队士兵的照片。

官参与联合国各项维和行动。

1992年，中国派出800多人的工程兵部队参加了联合国驻柬埔寨临时政府机构的维和行动，开创了中国军队派遣成建制部队参与联合国维和行动的先河。在18个月内，中国维和部队完成了4个机场、640公里的公路和47座桥梁的修复和建设任务，使联合国部队顺利进驻柬埔寨，同时，为柬埔寨37.5万难民顺利返回家园开辟了通道。

在柬埔寨连年战乱的废墟上，中国维和部队修建的机场、道路、桥梁，像一座座丰碑矗立在柬埔寨人民的心中。

在满目疮痍的吴哥大地，他们勇挑重担，勇于吃苦，勇于战斗，展示了中国军人威武之师的风采。

面对异常复杂的社会环境，他们处乱不惊，沉着应对，不卑不亢，自尊自爱，树立了中国军人文明之师的光辉形象。

在来自亚、非、拉34个国家共计两万多人参与的联合国柬埔寨维持和平行动中，中国维和部队用“中国速度”、“中国质量”创造了令世界震惊的奇迹。

中国维和部队的突出表现得到了受援国的一致好评。2006年2月28日，联合国利比里亚绥德鲁市举行授勋仪式，隆重表彰中国第三批驻利比里亚维和官兵在执行联合国维和行动中的突出贡献。

2008年2月7日，联合国秘书长苏丹问题特别代表卡奇先生与联合国苏丹维和团总司令里德尔中将，在位于苏丹南部城市瓦乌西郊中国维和医疗队营地，为中国维和部队颁发“和平荣誉勋章”。

按照联合国的惯例，为维和部队授勋一般都是在完成任务期满六个月时举行。但是，鉴于中国军人的出色表现，联合国驻苏丹维和团决定破例提前两个月为中国维和部队颁发勋章。而此时，正值中国人民的传统节日——春节。这恐怕是这些中国军人收到的最好的春节礼物了。

据统计，从1992年中国首次派遣部队参加联合国维和行动以来，已经有超过一万人次参加了联合国的近20项维和行动。其中，有8名中国军人牺牲在异国他乡的土地上。中国军人以自己的实际行动为世界的和平与安宁作出了不可磨灭的贡献。

维和是联合国的重要职能之一。联合国维和行动是根据安理会或联大通过的决议，向冲突地区派遣维持和平部队或军事观察团，以恢复或维护和平的一种行动。维和行动在联合国宪章中并未规定，它是在联合国调解和解决地区冲突的实践中创造并不断发展而来的。1988年，联合国维持和平部队荣获诺贝尔和平奖，维持和平的作用自此得到公认。

7．新世纪，新外交

新中国的外交工作是伴随着共和国的发展而发展的。

20 世纪 50 年代，中国社会发展凯歌行进之时，外交工作也蒸蒸日上，取得了骄人的成绩。60 年代，中国社会发展发生严重的“左”倾错误时，外交工作也遭遇了严寒。然而 70 年代是一个例外，虽然全国还处于“文化大革命”的动荡之中，但在外交工作上却打开了一片新天地。

20 世纪 70 年代，中国同亚非拉第三世界国家的友好合作关系获得了重大发展，建交国家大大增加，形成了一个更广泛的建交高潮。这恐怕主要归功于毛泽东提出的三个世界划分的理论。

1971 年，中华人民共和国的五星红旗飘扬在纽约联合国大厦上空。此后，中国在国际事务中发挥着越来越重要的作用。

1974年初，毛泽东根据国际形势的新变化，形成并提出了三个世界划分的理论观点。他认为美国和苏联两个超级大国是第一世界，美苏以外的英国、法国、日本、加拿大、澳大利亚等发达国家属于第二世界，亚洲、非洲和拉丁美洲的广大发展中国家属于第三世界。

三个世界的划分，为中国外交工作提供了新的战略性指导原则，指明中国作为第三世界国家，在继续大力发展同第三世界各国的友好关系的同时，要联合一切可以联合的力量，结成最广泛的国际间反对霸权主义的统一战线。这个指导原则，为改善和发展同各种不同类型国家的友好合作关系提供了理论依据，同时，为我国日后实行的改革开放政策铺平了道路。

20世纪80年代以后，随着中国改革开放步伐的加快，面对新世纪深刻变化的国际形势，中国政府坚持高举和平、发展、合作的旗帜，坚持独立自主的和平外交政策，坚定不移地走和平发展的道路，致力于建设一个持久和平、共同繁荣的和谐世界。

中国随着综合国力的提高，国际影响的扩大，国际地位的不断提升，在国际事务中也发挥着越来越重要的作用。中国始终奉行坚决反对霸权主义和强权政治，推动建立和平、稳定、公正合理的国际新秩序，大力提倡互信、互利、平等、协作的新安全观，始终按照和平共处五项原则和其他公认的国际关系准则处理国际事务。

目前，中国已与世界上160多个国家和地区的400多个各种类型的政党和政治组织保持着不同形式的友好往来。在睦邻、安邻、富邻政策的指导下，中国同周边国家的睦邻友好关系不断加强。同时，努力推动南南合作和南北对话，同广大发展中国家的传统友好合作关系得到进一步巩固和加强。同发达国家的关系也不断得到改善和发展。

中国，正以海纳百川的精神迎接八方来客。中国，正以开放的胸襟走向世界。

2004年，国务院批准了国家对外汉语教学领导小组制订的对外汉语教学事业2003-2007年发展规划——《汉语桥工程》。

2004年11月21日，全球第一所“孔子学院”在韩国首都首尔挂牌。孔子学院并非一般意义上的大学，而是推广汉语文化的教育和文化交流机构，是一个非营利性的社会公益机构。孔子学院要给世界各地的汉语学习者提供规范、权威的现代汉语教材；提供最正规、最主要的汉语教学渠道。它秉承孔子“和为贵”、“和而不同”的理念，推动中外文化的交流与融合，以建设一个持久和平、共同繁荣的和谐世界。

中国人民解放军

中国人民解放军诞生于1927年8月1日。土地革命战争时期称中国工农红军，抗日战争时期称国民革命军八路军和国民革命军新四军，从国共内战时期起改称中国人民解放军。它在中国共产党的领导下，以马克思列宁主义、毛泽东思想为指导，紧密依靠基层民众，进行了土地革命战争，参加了抗日战争和国共内战，历经艰难曲折，由小到大，由弱到强，战胜了国内外的强大敌人，为中国人民的解放事业立下了不朽功勋，赢得了全国各族人民的爱戴与拥护。中华人民共和国建立后，人民解放军抵御外来侵略，参加抗美援朝战争，维护国家独立与安全，参加和支援社会主义建设，同时，在加强自身革命化、现代化和正规化建设方面取得了巨大成就，成为巩固国防、维护国家领土完整与安全的坚实基础。

中国人民武装警察部队

中国人民武装警察部队成立于1982年6月（前身中国人民公安中央纵队建于1949年8月），是担负国家赋予的国家内部安全保卫任务的部队，受国务院、中央军事委员会双重领导，由内卫、黄金、森林、水电、交通等部队和公安部领导的公安边防、消防、警卫部队组成。

中国人民武装警察部队同中国人民解放军一样，都是中国共产党领导的国家武装力量，遵守中国人民解放军的条令条例。我国《兵役法》规定：我国的武装力量由中国人民解放军、中国人民武装警察部队和民兵预备役组成。在中国人民解放军和中国人民武装警察部队中服役的成为现役军人，享受人民解放军的同等待遇。

民兵预备役部队

民兵预备役部队是指公民在军队外所服的兵役。是国家储备后备兵员的重要措施，包括军官预备役和士兵预备役。公民在服预备役期间定期参加军事训练，执行军事任务，并随时准备应征现役。

我国于1955年开始建立预备役制度。1984年5月31日第六届全国人民代表大会第二次会议通过的《中华人民共和国兵役法》第5条规定，“编入民兵组织或者经过登记服预备役的称预备役人员”。

第七章 科教文卫体全面繁荣

1. 从“两弹一星”到“飞天”梦想

抗美援朝战争中，美国国务卿杜勒斯曾叫嚣：“如果不能安排停战，美国将不再承担不使用核武器的责任。”同时，美国还同蒋介石签订《共同防务条约》，提出假如台湾海峡安全受到威胁，他们有权使用原子弹。

面对帝国主义的武力威胁和大国的核讹诈，党中央决定，要研制开发原子弹。

1955年6月，留美从事喷气技术与火箭技术研究的钱学森博士回到新中国的怀抱，1956年2月，他向国务院提出了《关于建立我国国防航空工业的意见书》。

1956年，在周恩来、陈毅、李富春、聂荣臻的主持下，《1956至1957年科学技术发展远景规划纲要》中把开发火箭技术纳入国家12年科学发展规划。导弹不仅是原子弹的运载工具，也是中国国防力量中不可缺少的重要武器。没有能将原子弹送到世界上任何一个地方的工具，中国的核威慑力

青海省海北藏族自治州海晏县西海镇是当年核武器研制基地的核心和中枢。

将等于零。4月，周恩来主持中央军委会议，听取钱学森关于发展导弹技术的规划设想。会后，成立了以聂荣臻为主任的航空工业委员会，负责导弹事业的发展。10月，成立导弹研究机构国防部第五研究院，钱学森被任命为院长。11月，成立第三机械工业部（1958年改为第二机械工业部），具体负责原子能事业的建设和发展。

20世纪50年代，西海镇创建了中国第一个核武器研制基地和生产基地。1700平方公里的神秘禁区，见证了新中国的核神话。图为西宁市高原原子城纪念碑。

1958年5月17日，深受苏联卫星上天的影响和震撼，在党的八大二次会议中，毛泽东提出："我们也要搞人造卫星！""搞一点原子弹、氢弹、洲际导弹，我看有十年功夫是完全可能的。""我们不首先进攻别人，但不是消极防御，而是积极防御。"并组建了由聂荣臻元帅挂帅的国防部五院——即后来的第七机械工业部。苏联答应帮助在北京建一个7000千瓦的实验性原子能反应堆和一个浓缩铀工厂，制造原子弹的关键原料浓缩铀——铀-235。

可是在一年之后的1959年，苏联就单方面撕毁协议，撤回专家。苏联背信弃义的行为，反而让中国人铆足了劲。二机部决定把苏联来信拒绝提供原子弹教学模型和图纸资料的日期——1959年6月，作为第一颗原子弹的代号"596"。制造原子弹的科研重任落到了科学院四个最知名的化学研究所——上海有机所、长春应化所、北京化学所、大连化学物理所的肩上。1959年12月18日，中国第一颗原子弹爆炸位置的标桩钉在了新疆罗布泊

1958 年 6 月 13 日，中国第一座实验性原子反应堆正式开始运转。

一个名叫黄羊沟的大戈壁滩上。

导弹研制几乎是与原子能工业同时起步的。1960 年 2 月 19 日，中国第一枚自己设计研制的液体火箭，竖立在位于上海南汇县老港镇高 20 米的发射架上。发射场条件之简陋，在世界航天史上都是罕见的。总指挥靠大声喊叫和舞动旗帜下达命令；用自行车打气筒作压力源给火箭加注推进剂；人工转动天线去跟踪火箭。尽管这枚火箭的飞行高度仅为 8 公里，但依然给人以巨大的鼓舞。随后，生物火箭也相继升空。1963 年，我国第一枚气象火箭发射成功，它带着 40 公斤重的探测仪器飞上了 115 公里的高空。1964 年，我国又成功地发射了一枚生物火箭，测量并拍摄了生物在失重环境下的生理状态。

1964 年秋天，中国第一颗原子弹——代号为“596”的庞然大物在宁静而神秘的大漠夜幕中，被缓慢地升到一百多米的铁塔上。这就是中国自己研制的第一颗原子弹。

总指挥一声令下：“起爆!”顿时，一声天崩地裂的巨响，腾空而起的橙黑色云团遮住了人们的视线。大地好像裂开了一样，涌动的蘑菇云让平坦的大漠上腾升起一座火山。

核爆炸成功了！中国人拥有自己的原子弹的夙愿实现了！中国，这个世界上最先发明火药的民族，这个在中国共产党的领导下站立起来的民族，终于用现代科技的雷霆证明了自己强大的生命力和创造力!

原子弹爆炸成功的第三年，中国第一颗氢弹空爆实验成功。

1964 年 7 月 9 日，“东风 2 号”常规导弹在著名科学家钱学森的主持下发射成功。这一步走在了原子弹爆炸之前，为发展战略核武器创造了有利的条件，也在一定程度上解决了发射卫星的工具问题，使发射卫星成为可能。1965 年，有关部门召开了我国第一颗人造卫星方案的论证会议，初

人类第一次太空飞行的成功来之不易，其过程中一度险象环生。1961年4月12日，莫斯科时间上午9时零7分，加加林乘坐“东方1号”宇宙飞船从拜克努尔发射场起航。10时55分，在经历了108分钟的太空飞行后，加加林成功地降落在萨拉托夫州斯梅洛夫卡村地区，完成了世界上首次载人宇宙飞行，实现了人类进入太空的愿望。

发射前，加加林在检查仪表工作状况时发现飞船密封舱口出现故障。接到报告后，伊万诺夫带领3名工程师火速赶到火箭顶部。但舱门已经关闭，排障并非易事。最后，他们被迫把30个螺母逐个打开，进行彻底检查。如果当时这一故障没有得到及时的发现和检修，飞船升空后就可能发生船毁人亡的惨剧。

不仅如此，飞船升空后也多次出现险情。先是通讯线路故障，原本显示正常飞行的数字“5”被表示飞船出现事故的数字“3”取代；之后是第三级火箭脱离后飞船曾一度快速翻转；返回舱与仪器舱一度无法脱离，差点引起飞船着火。

据报道，加加林是在离地面7000米时弹离座舱的。但在距地面400米离开弹射座椅进行伞降时，副伞仅打开了伞包，未能发挥作用。

步确定了研制第一颗人造卫星的总体计划。中央专门委员会批准了中国科学院《关于发展我国人造卫星工作的规划方案》，确定了我国发展人造卫星工作的发展方针。方案把中国第一颗卫星的外形定为72面体的球形，卫星被命名为“东方红1号”。

尽管我们已经有了常规导弹，但是要发展为战略导弹，实现原子弹与导弹结合，并不是简单的事。

这个艰巨的任务再次落在钱学森的肩上。

正当钱学森的团队处在研究制造核导弹的关键时刻的时候，“文化大革命”开始了。许多工厂和科研单位都停止了正常工作，这给核导弹工程带来了巨大的困难。

周总理亲自命令北京卫戍区司令员派部队进驻钱学森家里，24小时保护他的安全，并对核导弹研制单位实行全面军管。

1966年10月27日上午9时，核导弹准时点火起飞。9时9分14秒，核导弹在核试验基地上空的预定落点实施爆炸。

中国的导弹核试验圆满成功！

1967年初，研制“东方红1号”的工作已经展开，“八一”前夕，正在忙着搞导弹设计的导弹总设计部副主任孙家栋接到通知，为确保第一颗人造卫星的研制工作顺利进行，中央决定组建中国空间技术研究院，钱学森担任院长，孙家栋担任总体设计师。12月，由孙家栋主持第一颗人造卫星的研制工作会议，确定中国第一星是试验卫星，不追求高难技术，只要能上得去、看得见、听得到就算成功。

1970年，在《东方红》乐曲的伴奏下，“长征1号”运载火箭(CZ–1)载着“东方红1号”卫星从中国西北酒泉卫星发射中心发射升空成功，开创了中国航天史的新纪元，使中国成为继苏、美、法、日之后世界上第五个独立研制并发射人造地球卫星的国家。

趁热打铁，有关部门在第一颗人造地球卫星成功发射之后，马上着手进行载人航天飞船的研制工作。

载人上天首先要解决的是卫星回收问题。1966年春，中国科学院在友谊宾馆召开了由“651”设计院主持的卫星系列论证规划会议，这是中国规模最大的一次关于卫星的会议。此次会议开了两个月之久，全国以及全军所有与卫星有关的单位都派了人员参加这次重要会议。

作为中国第一颗返回式卫星的总设计师，王希季大胆采用新科技成果，使卫星回收率达到了国际先进水平。1975年11月26日，在酒泉卫星发射基地，由“长征2号”火箭把中国第一颗返回式卫星送上太空，此后，中国连续发射了近20颗卫星，除一颗因故障没能返回外，其他全部回收成功，且返回的落点误差很小，创下了世界卫星回收成功率的最高纪录。

至此，中国科学家攻克了卫星返回技术的难题，也掌握了回收卫星的秘密。接下来就是研究载人飞船的回收技术，特别是救生技术。

航天事业中最困难的就是载人航天技术。载人技术是科学宝塔的尖端。

“东方红1号”的成功发射，使我国成为世界上第三个独立研制和发射卫星的国家，中国航天活动的序幕从此拉开。图为首都人民欢庆“东方红1号”发射成功。

“东方红1号”成功发射的消息，如一记春雷在华夏大地上炸响了，人们奔走相告。图为解放军某部通讯兵战士正通过电话向守卫在边疆的战友报告这一喜讯。

它几乎涉及了当今世界上所有的基础科学和理论技术，要有最先进的理论、试验、材料、工艺设备和尖端技术的支持。最为关键的是，实现载人航天需要攻克三大难题：可靠的、大推力的运载火箭；安全返回技术；具有良好的生命保障系统和工作环境。前两个问题我国早就解决了，现在急需攻克的难关是第三个问题。

20世纪70年代，是中国经济严重困难的年代，问题终究没有得到解决。

经过中国航天人几十年的努力，在改革开放、经济高速发展、二十余年经验积累的基础上，1986年，国家“863”计划终于开始顺利实施，这标志着中国人从此真正开始着手实现那个美丽的载人航天梦。

1992年1月，中国政府批准载人航天工程正式上马。同年，已是中国科学院地球化学研究所所长的欧阳自远也正式向“863计划”专家组提出，我国应该开展月球探测工程。整个航天技术分为三大领域：卫星应用、载人航天和深空探测。我国在前两项已经取得了很大成就，深空探测还是一片空白，而开展月球探测，将是中国实现深空探测零的突破的最佳选择。

1999年11月20日凌晨，在酒泉卫星发射中心新建的载人航天发射场上，高达一百多米的发射塔架各层平台陆续打开，捆绑式新型长征运载火箭昂首挺立，顶部安装着我国自行研制的第一艘试验飞船。由江泽民主席题名为“神舟”号的飞船，由推进舱、返回舱、轨道舱组成，两面巨幅五星

1986年3月，王大珩、王淦昌、杨嘉墀、陈芳允四位老科学家联合向中共中央写了一封信，题为《关于跟踪世界战略性高科技发展的建议》。信中恳切地指出，面对着世界新技术革命的挑战，中国应该不甘落后，要从现在就抓起，用力所能及的资金和人力跟踪新技术的发展进程，否则就会贻误时机，以后永远翻不了身。这封信得到了邓小平同志的高度重视，小平同志亲自批示："这个建议十分重要。"在随后的半年中，经过广泛、全面和极为严格的科学和技术论证，中共中央、国务院批准了《高技术研究发展计划（863计划）纲要》。从此，中国的高技术研究发展进入了一个新阶段

由于计划的提出与邓小平同志的批示都是在1986年3月进行的，因此此计划被称为"863计划"。

红旗，醒目地印在船体两侧。

6时30分，随着"点火"口令的下达，运载火箭喷出一团红色烈焰，托举着试验飞船，呼啸着向太空飞去。飞行约10分钟后，飞船与运载火箭成功分离，准确进入预定轨道。这是长征系列运载火箭的第59次飞行，我国的航天发射史册翻开了新的一页。

19时41分，当最后一抹晚霞从天空消失的时候，已是北京时间21日

2004年5月19日中午12时30分，中国载人航天工程代表团在中国常驻联合国代表王光亚大使的陪同下，来到位于联合国总部大楼38层的秘书长办公室。杨利伟将一面曾和他一起环绕地球飞行14圈的联合国旗帜交给了安南。

杨利伟，1983年6月入伍，1987年毕业于中国人民解放军空军第八飞行学院，历任空军某师飞行员、中队长，安全飞行1350小时，被评为一级飞行员，为中国人民解放军航天员大队航天员。

2003年10月15日北京时间9时的酒泉卫星发射中心，“长征2号”F火箭将杨利伟乘坐的神舟5号飞船送入太空。在环绕地球轨道14周，航行了超过60万千米后，神舟5号于北京时间2003年10月16日早晨6时30分在内蒙古主着陆场成功着陆，实际着陆点与理论着陆点相差4.8千米，返回舱完好无损。杨利伟在降落15分钟后离开了太空舱，温家宝总理亲临现场，对杨利伟表示祝贺。

凌晨的3时41分，“神舟”号飞船犹如被驯服的烈马，脱离原先的轨道，按照航天专家的意愿，从无际苍穹向着她的归宿——内蒙古中部地区降落。我国第一艘试验飞船——“神舟”号，从发射升空到返回地面，遨游太空21个小时，获得圆满成功。

此后三年里，神舟2号至4号三艘无人飞船试验飞行连续获得成功。发射、返回、测控、环境控制……一项项关键技术陆续被突破，飞船技术状态逐渐接近载人。

2001年，由欧阳自远牵头制定的“发射绕月卫星”第一期科学目标和有效载荷配置终于通过国家评审。2003年9月，中央最终同意并批准了这个计划。

2003年10月15日，在第一艘载人飞船神舟5号完美升空后，中国成为世界上第三个能够独立开展载人航天活动的国家。伴随着杨利伟历史性的太空之旅，“taikonaut”，一个由英文中的“宇航员”和汉语拼音中的“太空”合成的英文单词，成为了世界媒体对中国航天员的专用称呼。

2004年1月24日，温家宝总理代表国家批准了“嫦娥1号”工程的实施，欧阳自远被任命为中国月球探测计划“嫦娥1号”工程的首席科学家。

按照中国探月工程的三步计划，2007年“嫦娥1号”卫星开始绕月飞行；2012年前后，中国的月球车将在月球上实施软着陆；2017年之前，中国研制的机器人将把月球土壤样品采回地球。在探月工程前三步完成的2017年前后，中国将择机载人登月，并与有关国家共建月球基地。

2007年10月24日，18时05分，西昌卫星发射中心。长征3号甲运载火箭托举着嫦娥1号卫星顺利升空，“嫦娥”奔月旅程正式开始。

2009年3月1日16时13分10秒，减速、下落、撞击……嫦娥1号卫星在北京航天飞行控制中心科技人员的精确控制下，准确落于月球的预定撞击点。

至此，在经历了长达494天的飞

行后，静谧、遥远的月球土地终于成为中国首个“月球使者”的最后归宿。而随着此次“受控撞月”的准确实施，中国探月一期工程也宣告完美落幕。

20世纪60年代以来，因为有了包括“两弹一星”、载人航天在内的一大批高科技成果，中国才获得了世界的话语权。而“两弹一星”问世之时正处于中国最为动荡、国民经济发展相对困难的时代，“两弹一星”的成功，钱学森、邓稼先等一大批学者功不可没。

由广东省发明协会主办、搜狐网站发起评选的建国以来最大的科技成果中，其中有四项被称为当代中国的“新四大发明”。它们是：杂交水稻、王选汉字激光照排、人工合成胰岛素、复方蒿甲醚（青蒿素）。

1958年，中国科学院在王应睐、曹天钦、邹承鲁、钮经义、沈昭文等学者的带领下，提出了“世界上第一次用人工方法合成的蛋白质在中华人民共和国实现”的宏伟目标。这一建议立即得到国家的大力支持。

经过短短7年时间，1965年9月17日，我国科学家完成了结晶牛胰岛素的合成，这是世界上第一次人工合成多肽类生物活性物质。胰岛素的人工合成，标志着人类在揭开生命奥秘的道路上又迈出了一步。

胰岛素的合成开辟了人工合成蛋白质的时代，为我国多肽合成制药工业打下了牢固的基础。1966年，胰岛素合成工作面世后，在国际上引起极大轰动，有上百名著名科学家来信祝贺。英国电视台在黄金时间播出了中国成功合成人工结晶胰岛素的消息，《纽约时报》也用大篇幅报道了这一消息。它被认为是继“两弹一星”之后我国的又一重大科研成果。

中国农民说，吃饭靠“两平”，一靠邓小平，二靠袁隆平。世界赞誉杂

蒋筑英，浙江省杭州人。光学专家，中共党员，全国劳动模范。1939年生，由于家庭经济困难，靠助学金完成学业。1956年他考取了北京大学物理系。他学习异常刻苦，大学期间10个寒暑假，有8个他是在学校图书馆度过的。1962年大学毕业，蒋筑英来到中国科学院长春光学精密机械研究所从事科研工作。

蒋筑英生前是中国科学院长春光机所副研究员、第四研究室代主任。1965年，他和他的研究小组建立了中国第一台光学传递函数测量装置，建成了国内第一流的光学检测实验室。他是一个在光学传递函数的计算、装置、测试以及编制程序、标准化等方面的专家。

蒋筑英掌握英、德、法、俄、日5门外语，翻译了大量外国资料，但从不占为己有；研究所评职称、分房子、提工资，他都多次主动让给别人。

1982年6月，蒋筑英到外地工作，由于过度劳累，病情恶化，不幸逝世于成都。死后被追认为中国共产党党员，国务院追授他为全国劳动模范。聂荣臻元帅称赞他是“知识分子的优秀代表”。

毫无疑问，袁隆平为世界第一人口大国的粮食问题的解决作出了不可磨灭的巨大贡献。图为“杂交水稻之父”袁隆平教授载誉归来。

交稻是“东方魔稻”。杂交水稻不仅在很大程度上解决了中国人的吃饭问题，而且也被认为是解决21世纪世界性饥饿问题的法宝。国际上甚至把杂交稻当做中国继四大发明之后的第五大发明，誉为“第二次绿色革命”。

袁隆平，1930年9月7日生，中国工程院院士，现任国家杂交水稻工作技术中心暨湖南杂交水稻研究中心主任、湖南省政协副主席。中国研究杂交水稻的创始人，世界上成功利用水稻杂交优势的第一人。袁隆平长期从事杂交水稻育种理论研究和制种技术实践。1964年首先提出培育“不育系、保持系、恢复系”三系法利用水稻杂种优势的设想并进行科学实验。1970年，与其助手李必湖和冯克珊在海南发现一株花粉败育的雄性不育野生稻，成为突破“三系”配套的关键。

1972年育成中国第一个大面积应用的水稻雄性不育系“二九南1号A”和相应的保持系“二九南1号B”，次年育成了第一个大面积推广的强优组合“南优2号”，并研究出整套制种技术。1986年袁隆平提出杂交水稻育种分为“三系法品种间杂种优势利用、两系法亚种间杂种优势利用到一系法远缘杂种优势利用”的战略设想，被誉为“杂交水稻之父”、“当代神农氏”。

袁隆平先后获得联合国知识产权组织“杰出发明家”金质奖、联合国教科文组织“科学奖”、英国让克基金会“让克奖”、美国费因斯特基金会

我国的极地科考也获得了长足进步。自 1994 年 10 月首航南极以来，“雪龙”号已先后 11 次赴南极、3 次赴北极执行科学考察与补给运输任务。

“拯救世界饥饿奖”、联合国粮农组织“粮食安全保障奖”、日本“日经亚洲大奖”、作物杂种优势利用世界“先驱科学家奖”、“日本越光国际水稻奖”等八项国际奖，受聘为联合国粮农组织的首席顾问。

从北宋的毕昇发明活字印刷术开始，中国工人用手码字块的印刷历史延续了 900 多年，直到 20 世纪 70 年代一项由国家支持的科技攻关项目“汉字信息处理工程”启动，才使长达 10 个世纪以来大量的人力劳作得以解放。两院院士、北京大学教授王选发明的“激光照排技术”为中国印刷史带来了一次翻天覆地的革命。

从 1975 年开始，王选主持我国计算机汉字激光照排系统和以后的电子出版系统的研究开发，跨越当时日本的光机式二代机和欧美的阴极射线管式三代机阶段，开创性地研制出当时国外尚无商品的第四代激光照排系统。

激光照排技术，通俗一点来讲，就是电子排版系统的简称。电子排版系统的诞生，给出版印刷行业带来了一次革命性的变革。目前我国绝大多数的报纸、杂志和书籍都在使用着这套系统，它比古老的铅字排版工效至少提高 5 倍。

一项原创性核心技术可以改变一个时代。激光照排技术的诞生，使我国在发明了活字印刷术上千年后，实现了中国印刷技术的第二次革命，让中国印刷业告别铅与火，迎来光与电。这一中国科技进步史上的颠覆性创新，使原创者王选教授当之无愧地被誉为“当代毕昇”。

复方蒿甲醚，是 20 世纪 60 年代中国广大科技工作者研发的一种全新的化学结构药品，是全球首选的治疗疟疾的最佳用药，也是被国际社会广泛认可的中国原创的专利药品。该项目在 1967 年由周恩来总理亲自指挥部署，由有关科技部门合作研发，当时被称为“523”项目。由数十个单位组成攻关协作组，500 多名科研人员参加，经过 190 多次实验，终于从上万种中草药提取物中筛选出青蒿的提取物——青蒿素，经过反复临床试验，对疟原虫的抑制率达到了 100%！这一重大发现于 1973 年完成，被称为中国医药界首创中药现代化的一个里程碑式成就。

2．教育：充满希望的事业

中华人民共和国成立前，中国的文化教育非常落后。1949年，全国文盲人数占全国人口的80%。新中国成立后，人民政府把扫盲作为一项重要的工作，在1952年成立了扫除文盲工作委员会。1953年11月，中央扫除文盲工作委员会颁布的《关于扫盲标准、毕业考试等暂行办法的通知》规定：不识字或识字数在500字以下者为文盲，识500字以上而未达到扫盲标准者为半文盲。扫除文盲的标准是：干部和工人识2000常用字，能阅读通俗书报，能写200-300字的应用短文；农民识1000常用字，大体上能阅读通俗的书报，能写农村中常用的便条、收据等；城市其他劳动人民识1500常用字，阅读、写作能力分别参照工人、农民的标准。

普及义务教育，是早在新中国建立之初就提出的奋斗目标，并成为我们党和政府的一贯方针。1949年9月，中国人民政治协商会议第一届全体会议通过的《中国人民政治协商会议共同纲领》就提出“有计划、有步骤地实行普及教育”。1956年党的第八次全国代表大会和1958年党的八届六中全会就分别提出过“用很大的努力有计划地、逐步做到普及中等教育”。虽然，当时还没有明确“义务教育”这一概念，但“普及义务教育”

三千多年来，繁体字在积累和传播文化知识方面功绩卓著，但它存在难读、难写、难记的缺点。汉字从甲骨文、金文变为篆书，再变为隶书、楷书，其总趋势就是从繁到简，因而简体字是汉字演变的逻辑结果。

1956年，国务院公布《汉字简化方案》，1964年3月7日，中国文字改革委员会、中华人民共和国文化部和中华人民共和国教育部联合发布《关于简化字的联合通知》并附《简化字总表》，1986年10月10日国家语言文字工作委员会发布《关于重新发表〈简化字总表〉的说明》。

五十多年来，简化字已在公务活动、教育教学、新闻出版和其他公共交际领域占据了主导地位，得到国际社会的普遍承认。但繁体字在教学、研究、出版、文化、商业等领域及一定的人群中还有学习使用需求，在古代历史文化研究、书法艺术创作等领域具有独特价值，在港澳台地区和部分海外华人社区它还是主体用字。

的思想雏形已经开始形成。即使处于经济困难时期，中央仍坚持提出：要区别城乡和根据各地区的不同情况，有计划地、积极地普及适龄儿童的小学教育。

新中国成立后，高等教育的发展也进入了一个新的时期。由于特定的国际国内环境，中国高等教育的发展模式几乎重复了半个世纪以前走过的路径，即学习、借鉴的目标单一而集中，那就是以苏联为榜样。1949 年至 1959 年的 10 年间，我国高等院校共聘请苏联专家 861 人，此外还有相当一部分专家在高等教育部担任顾问。在这些专家的指导和帮助下，对高等院校的培养目标、专业设置、教学计划、教学大纲进行了全面修订调整，专家的工作也包括编写教材、培养研究生和培训教师，甚至渗透到学生生产实习、课程设计、毕业设计、实验室和资料室建设等具体工作领域。与此同时，政府通过对私立学校的接办改造、教会学校的取缔和院系调整等重大措施，初步完成了对 1949 年以前的高等教育体制和格局的改造，新的以苏联为模式的高等教育体制形成并确立。

20 世纪 60 年代中期，中国进入了“文化大革命”的十年，浩劫迅速波及到了教育界。1966 年 4 月，高等学校招生工作座谈会提出：要采用新的办法，高等学校取消考试，采取推荐与选拔相结合的办法。6 月，中共中央、国务院发出通知说高等学校招

得知中共中央、国务院决定改革高等学校招生考试方法，并且决定将 1966 年高等学校招收新生工作推迟半年进行的消息后，辽宁省实验中学应届高中毕业生热烈欢呼，坚决拥护党中央、国务院的英明决定。

1977年8月，邓小平的一句“今年就恢复高考”点燃了千百万学子的梦想。同一年，全国570万年龄身份不一的考生走进了高考的考场。被“文革”中断了10年之久的高考制度终于得到恢复。

生考试办法“基本上没有跳出资产阶级考试制度的框框”，因此，“必须彻底改革”。通过高考选拔人才的教育模式被定性成“培养了资产阶级的接班人”之后，废止高考，将大学转变为“培养社会主义的接班人”的政治运动就开始了。从这一年6月开始，中国暂停了研究生招生工作和选拔派遣留学生工作。7月，中共中央、国务院发出《关于改革高等学校招生工作的通知》，将“自愿报名，群众推荐，领导批准，学校复审”的十六字方针变成了中国大学录取方法，“工农兵学员”登上了历史的舞台。“工农兵”被推荐到大学，最主要的目的并不是学习，而是“上大学、管大学、用毛泽东思想改造大学”，简称“上、管、改”。新中国成立以来逐步建立起来的全国普通高等学校统一招生制度被彻底否定，学校教育秩序混乱，学生停课闹革命，全社会没有了学习知识的动力和活力，国家出现了严重的人才断档。这种状况一直持续到1977年7月，第三次复出的邓小平分管科技和教育工作时为止。

复出不到一个月，邓小平就抓住机会，提出了恢复高考的建议。

8月13日开始，教育部根据邓小平的指示，召开了第二次全国高等学校招生工作会议，议题头绪纷繁，众人争执不下，竟历时44天。焦急不已的邓小平提出了他的招生标准：第一是本人表现好，第二是择优录取。最后，马拉松会议终于在10月初得出一个可行性方案：《关于1977年高等学校招生工作的意见》。按照这个《意见》，凡是工人、农民、上山下乡和回乡知识青年、复员军人、干部和应届高中毕业生，年龄在20岁左右，不超过25周岁，未婚者皆可参加高考。对实践经验比较丰富，并钻研出成绩或确有专长的，年龄可放宽到30周岁，婚否不限。

消息一公布，由于报考人数过多，竟造成印刷试卷的纸张不足。最后，由中共中央拍板，调用印刷《毛泽东选集》第五卷的纸张先行印刷考生试卷，这才使当年的恢复高考工作得以顺利进行。

十年积压，使1977的高考成为中国竞争最激烈的一届高考，报考人数是570万，录取名额为27.297万，录取比例为29∶1，虽然同现在2∶1的录取比例相比少得可怜，但是它却激励了成千上万的人重新拿起书本，加入到求学大军中去。中国教育和人才培养也由此走上了健康的轨道，全国上下读书学习蔚然成风。图书馆、新华书店里人头攒动，成为最拥挤、最热闹的地方。

改革开放三十年来，党中央、国务院先后推出了一系列方案推进教育改革，使我国教育工作成就卓著。

1980年，中共中央、国务院做出《关于普及小学教育若干问题的决定》，明确提出全国在1990年前基本普及小学教育。

1985年5月，改革开放后的第一次全国教育工作会议召开，颁布了《中共中央关于教育体制改革的决定》，明确提出了在全国有计划、有步骤地普及九年义务教育的任务。1986年4月颁布了《中华人民共和国义务教育法》，首次把免费的义务教育用法律的形式固定下来，也就是说适龄的“儿童和少年”必须接受九年的义务教育。义务教育法的制定标志着我国基础教育发展到一个新阶段，“国家实行九年制义务教育”从此成为法定义务。

1993年2月，党中央、国务院正式发布《中国教育改革和发展纲要》，“纲要”指出：“要集中中央和地方等各方面的力量办好100所左右重点大学和一批重点学科、专业。”并开始实施“211工程”。所谓“211工程”，就是面向21世纪，重点建设100所左右的高等学校和一批重点学科点。

1995年，经国务院批准，原国家计委、原国家教委、财政部发布《“211工程”总体建设规划》，“211工程”正式启动建设。2002年，经国务院批准，原国家计委、教育部、财政部发布《关于“十五”期间加强“211工程”项目建设的若干意见》。“211工程”纳入国民经济和社会发展第十个五年计划，从2002年起实施。

1999年，党中央国务院做出了加快高等教育发展的重大决策。经过连

《义务教育法》自颁布实施以来，经历了多次审议和修订。新义务教育法着力建立和完善促进义务教育发展的各项制度，在很多方面有创新、有突破，为我国义务教育的持续、健康发展提供了有力的制度保证。

续几年的快速发展，普通高校本专科招生规模不断扩大，2007年全国各类高等教育在学人数达2700万人，居世界第一；高等教育毛入学率达23%；受过高等教育的人口超过7000万人，有高等教育学历的从业人员总数居世界第二。我国已经成为高等教育大国，高等教育在从人口大国向人力资源大国转变的过程中作出了突出的贡献。

2001年9月起，在全国27个省的38个国家实验区（以县区为单位）开始了义务教育课程改革实验，截止到目前，全国所有小学和初中学生已经全部使用了新课程。山东、广东、海南、宁夏等四省区2004年开始实验高中新课程，经过四年的努力，实验的省（区、市）扩大到21个，覆盖了东部所有省（市），中部8个省，西部3个省（区）和新疆生产建设兵团。2004、2005年实验省（区）先后都有

“希望工程”是团中央、中国青少年发展基金会以救助贫困地区失学少年儿童为目的，于1989年发起的一项公益事业。1990年9月5日，邓小平为希望工程题名。

希望工程自1989年10月实施至今，募集资金逾35亿元人民币，其中资助贫困学生290多万名，援建希望小学13000多所，捐赠希望书库、希望图书室13000多套，培训乡村教师逾35000名。科技部中国科技促进发展研究中心评估表明：希望工程已经成为我国20世纪90年代社会参与最广泛、最富影响的民间社会公益事业。

1991年，《中国青年报》摄影记者解海龙到金寨县采访拍摄希望工程，跑了十几个村庄后，来到了张湾小学,找到了正在上课的一年级学生——7岁的苏明娟，将一双特别能代表贫困山区孩子“渴望读书的大眼睛”摄入他的镜头。这幅画面为一个手握铅笔头、两只充满求知渴望的大眼睛直视前方的小女孩，题为《我要上学》的照片发表后，很快被国内各大报纸杂志争相转载，成为中国希望工程的宣传标志，苏明娟也随之成为希望工程的形象代表。

十几年过去了，“大眼睛”的形象早已深入人心。如今，苏明娟终于在希望工程的帮助下完成学业，被安徽一家银行录用。

“大眼睛”苏明娟获得了充满阳光的人生，更多天真无邪的“大眼睛”在期盼着爱心之手的搀扶，走向新的生活。

学习新课程的高中毕业生参加了与新课程相配套的高校招生考试，根据教育部规划，2010年，高中新课程将在全国全面铺开。

本世纪初，我国总体上实现了基本普及九年义务教育、基本扫除青壮年文盲（以下简称“两基”）的目标。但是，农村基础教育整体薄弱的状况尚未得到扭转，城乡之间、区域之间教育发展水平还不均衡。国务院决定从2004年起，用四年左右时间，实施《国家西部地区“两基”攻坚计划(2004－2007)》。2005年12月，国务院下发了《关于深化农村义务教育经费保障机制改革的通知》，逐步将农村义务教育全面纳入公共财政保障范围，建立中央和地方分项目、按比例分担的农村义务教育经费保障新机制。2006年，西部地区农村义务教育阶段中小学生全部免除学杂费；2007年，中部地区和东部地区农村义务教育阶段中小学生全部免除学杂费。国务院决定，从2008年秋季学期起全面免除城市义务教育阶段学生学杂费。

最新的《中华人民共和国义务教育法》已于2006年9月1日起施行，重点增加中央教育经费投入，减轻学生课业负担，备加重视教师工作，剔除择校之风，禁止乱收费。经过两年的过渡，中国已在全国范围内实施名副其实的义务教育。

公元前5世纪，中国人发明了算盘，广泛应用于商业贸易中，算盘被认为是最早的“计算机”。

20世纪60年代末，计算机网络开始发展，仅数十年的时间，全球互联网络(Internet)迅猛发展，已渗入千家万户，为社会各行各业所采用。到2009年上半年，我国网民规模已突破3亿，领跑全球互联网。网民规模、宽带网民数、国家顶级域名注册量（1296万）三项指标稳居世界第一，互联网普及率稳步提升。受3G业务开展的影响，使用手机上网的网民增速势头十分迅猛。

如今网络已成为青少年学习知识、交流思想、休闲娱乐的重要平台，面对良莠不齐的网上资讯，提高占网民总数80％以上的年轻一代的辨别和自律能力显得尤其重要。团中央、教育部、文化部、国务院新闻办、全国青联、全国学联、全国少工委、中国青少年网络协会于2001年11月向全社会发布了《全国青少年网络文明公约》，努力为未成年人建设一个健康的网络环境。

3. 百花齐放，异彩纷呈

《智取威虎山》讲述了建国前，我军在东北一带剿灭匪帮的传奇故事。人物性格鲜明，故事情节跌宕起伏。“文革”时期，它是常演不衰的剧目之一，承载着一代人的青春记忆。

建国初我国文学深受苏联文学的影响，遵循社会主义现实主义的创作原则，作品形式和风格多有借鉴苏联文学的痕迹，而其基本的创作题材和主题是歌颂革命史，讴歌新社会，与早年苏联文学也相似。当然，由于表现的是中国的生活和人物，在优秀作家笔下被赋予了中国风、中国气派。如长篇小说中属于歌颂革命史的孙犁的《风云初记》、杜鹏程的《保卫延安》、吴强的《红日》、梁斌的《红旗谱》、杨沫的《青春之歌》、罗广斌和杨益言的《红岩》、玛拉沁夫的《茫茫的草原》等；属于赞扬新社会的如丁玲的《太阳照在桑干河上》、赵树理的《三里湾》、艾芜的《百炼成钢》、周立波的《山乡巨变》、柳青的《创业史》等。著名作家如郭沫若、冰心、巴金、老舍、艾青、田汉、曹禺以及诗人郭小川、贺敬之、闻捷、李季、李瑛、公刘，散文家刘白羽、吴伯箫、杨朔等人也创作了很多歌颂革命史和赞美新社会的作品。上述作家优秀作品的共同特点是洋溢革命的激情，着力塑造工农兵新英雄形象，突出反映社会生活中的阶级斗争，谱写新时代人民推倒旧社会，建设新社会的伟大历史进程，字里行间充满理想主义的色彩。至今，它们在反映生活的深度和广度，在刻画典型人物形象的生动和丰满上，仍然堪称是新中国文学初期的经典之作，对于塑造人们

的灵魂，帮助读者了解那个时代，仍富于思想教育和现实认识意义。

改革开放后，在社会主义建设新时期，由于文化上向世界各国开放，并以“文艺为人民、为社会主义服务”的口号代替“为政治服务”或“从属于政治”的口号，认真贯彻“百花齐放，百家争鸣”，“洋为中用，古为今用”，“推陈出新”的方针，大力“弘扬主旋律，提倡多样化”，文艺生产力获得了大解放，题材、主题、形式、风格都日益多样化。在此过程中，西方各国文艺思潮和文学作品对我国文学的影响，包括现代主义和后现代主义的影响便日益彰显。从这一时期许多著名作家的作品，如王蒙的《布礼》

从开掘现场的规模和布局，可见秦始皇陵身为中国历史上第一个规模庞大、设计完善的帝王陵寝，名不虚传。

中国印记

秦始皇陵是中国历史上第一个皇帝嬴政的陵墓，位于中国北部陕西省临潼县城东5公里处的骊山北麓。

秦始皇陵是世界上规模最大、结构最奇特、内涵最丰富的帝王陵墓之一。秦始皇陵兵马俑是可以同埃及金字塔和古希腊雕塑相媲美的世界人类文化的宝贵财富，而它的发现本身就是20世纪中国最壮观的考古成就。它们充分表现了2000多年前中国人民巧夺天工的艺术才能，是中华民族的骄傲和宝贵财富。

秦始皇兵马俑博物馆是中国最大的古代军事博物馆。1961年，中华人民共和国国务院将秦始皇陵定为全国文物重点保护单位。对秦始皇陵园第一次全面的考古勘察始于1962年，考古人员绘制出了陵园第一张平面布局图，经探测，陵园范围有56.25平方千米，相当于近78个故宫，引起考古界轰动。1987年，秦始皇陵及兵马俑坑被联合国教科文组织批准列入《世界遗产名录》，并被誉为“世界八大奇迹”。

和《蝴蝶》、莫言的《透明的红萝卜》和《红高粱》，以及苏童、余华、格非、孙甘露等人的先锋小说和方方、池莉、刘恒、刘震云等的"新写实小说"，还有北岛、舒婷的"朦胧诗"和后来的"新诗潮"，包括"非非主义"、"城市生活流"、"下半身写作"以及诸多探索性戏剧等，都可以看到或是现代主义、或是后现代主义的明显痕迹。新时期的中国文学不仅受到西方国家文学的众多影响，还受到拉丁美洲魔幻现实主义文学的影响，马奎斯的《百年孤独》、略萨的《绿房子》跟西欧卡夫卡的《变形记》、昆德拉的《生命不能承受之轻》一样成为许多中国作家案头的必读书。而前苏联作家的影响仍未消失，特别是像艾特玛托夫这样的世界名家的作品，也被许多

中国战争年代的"保尔·柯察金"吴运铎看望"当代保尔"张海迪。张海迪身残志坚，勇于拼搏，吴运铎的《把一切献给党》曾使她坚定了人生的信念。

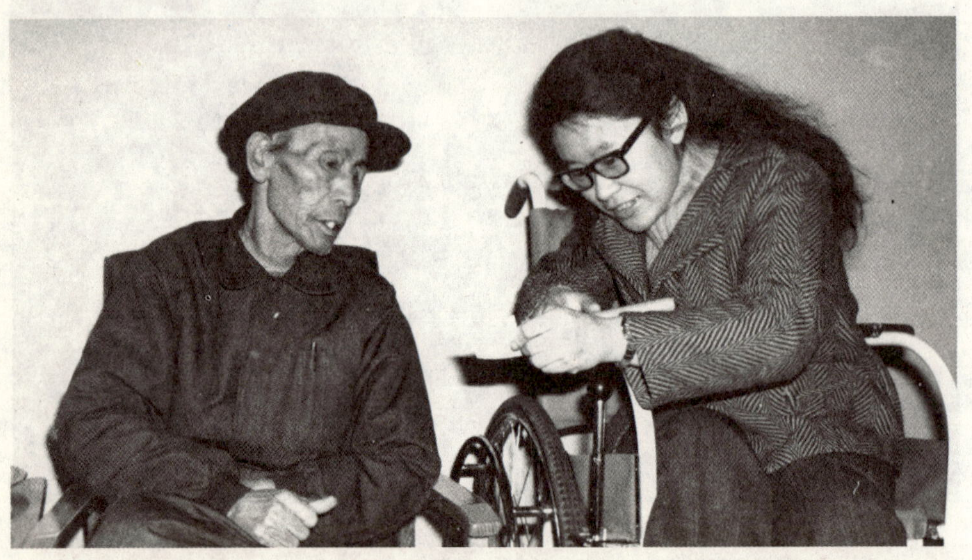

中国印记

5岁就不幸患上脊髓病的张海迪，胸以下全部瘫痪。她始终用顽强的毅力和恒心与疾病做斗争，虽然并没有机会走进校园，却发愤学习，学完了小学、中学全部课程，还自学了大学英语、日语和德语，攻读了大学和硕士研究生的课程。1983年张海迪开始从事文学创作，先后翻译了《海边诊所》等数十万字的英语小说，编著了《向天空敞开的窗口》《生命的追问》《轮椅上的梦》等书籍。其中《轮椅上的梦》在日本和韩国出版。她还先后自学了十几种医学专著，同时向有经验的医生请教，学会了针灸等医术，为群众无偿治疗达一万多人次。1983年，《中国青年报》发表《是颗流星，就要把光留给人间》，张海迪名噪中华，获得两个美誉，一个是"八十年代新雷锋"，一个是"当代保尔"。她以保尔为榜样，勇于把自己的光和热献给人民，并用自己的言行，回答了亿万青年非常关心的人生观、价值观问题，成为继雷锋之后新的道德力量和标杆。

20世纪80年代到90年代，年年都有港剧在内地掀起收视热潮，1983年第一部在内地播放的港剧《霍元甲》以及后来的《万水千山总是情》、《京华春梦》、《射雕英雄传》、《上海滩》、《神雕侠侣》、《我本善良》等，无不受到追捧和热议。自90年代开始，更多的现当代题材的港台电视剧风行内地，如《义不容情》、《流氓大亨》、《春去春又回》等。港台文学也成流行，琼瑶、三毛和梁凤仪的作品是其中翘楚，金庸、古龙和梁羽生的武侠小说被称为"成人童话"，柏杨的智慧引领我们从另一个角度审视了自己，席慕容的诗撩动了无数校园青年的心弦，李敖的嬉笑怒骂让人感觉酣畅淋漓……这些港台作家以他们独特的视角，以他们或睿智或温情或锋芒毕露的文笔，影响了整整一代的内地读者。

中国作家反复阅读。

不过，新时期居于我国文学主流的仍是富于人文思想内涵的现实主义。经过20世纪80年代中期学习和借鉴外国现代主义和后现代主义的热潮，进入90年代，在多向的艺术探索中，更多的作家回归现实主义。新时期之初不仅中年作家蒋子龙、冯骥才、张贤亮、高晓声、张一弓、丛维熙、冯宗璞、谌容等轰动一时的中短篇启现实主义之先；继起的知青作家如叶辛的《蹉跎岁月》、梁晓声的《雪城》、贾平凹的《浮躁》、路遥的《平凡的世界》、铁凝的《玫瑰门》以及陈建功、韩少功、陈世旭、史铁生等的优秀作品也多属现实主义；获得最重要的文学奖——茅盾文学奖的大多作品，如长篇小说《黄河东流去》（李准）之反映抗日战争时期黄泛区人民的困难和民族凝聚力、《冬天里的春天》（李国文）之沉思长期危害中国革命事业的左倾错误、《沉重的翅膀》（张洁）之倾诉现实改革的艰难、《钟鼓楼》（刘心武）之图写北京四合院的市民生活与习俗、《白鹿原》（陈忠实）之反映阶级斗争的复杂曲折，《抉择》（张平）之揭露当前社会腐败与反腐败的搏斗、《长恨歌》（王安忆）之再现上海弄堂小女子一生卑微的悲剧等，都是现实主义之作。陈惠芬、何建明、黄济人、乔迈等众多的报告文学作家更以反映现实的历史进程见长。在诗歌、散文领域现实主义的作品也居多数。像绿原、牛汉、叶延滨、林莽等的诗作，季羡林、荒煤、冯牧、王充闾、周涛等的散文，严秀、邵燕祥、牧惠等的杂文，虽题材多样，也都富于现实的精神。这时期的文学创作虽仍存在英雄情结，但更多关注普通人的生活和形象，人物描写更多贴近现实而少理想的渲染。如《烦恼人生》中的印家厚、《张大民的幸福生活》中的张大民等等。至于汪曾祺、邓友梅笔下的市井人物，陆文夫"小巷人物志"中的诸多小市民的形象也都见誉于文坛并受到读者的欢迎。

女性主义文学的兴起也是新时期一个重要的文学现象。追求男女平权和平等的妇女解放运动，自近代以秋瑾为前驱，后来更成为革命运动的重要组成部分。新时期中国女性主义文学已不限于追求男女的平等和平权，更多着眼于揭示女性自身的特点。陈染、林白、徐小斌、海男和翟永明、伊蕾、叶梦等便属这方面的代表性的小说家、诗人和散文家。她们多深受波伏娃的《第二性》等西方女性主义著作的影响，以大胆地书写女性的命运及其性意识、性感受而著称。张抗抗的《作女》更反映此类女性之追求生活的自立、自由和自在，被评论家认为此类女性形象已超越于西方的女性主义理论。

我国还十分重视民间文学和少数民族文学的发掘与培植，许多重要的民间传说、故事和歌谣被整理出版，如《民间歌谣集成》、《民间故事集成》等；尤其是许多少数民族英雄史诗和叙事诗被整理和出版，如藏族、蒙古族的《格萨尔王传》、蒙古族的《江格尔》、柯尔克孜族的《玛纳斯》等史诗，还有撒尼族的《阿诗玛》、蒙古族的《嘎达梅林》等民间诗篇，它们作为中华民族的瑰宝与世人见面，是当代中国文学值得骄傲的大事。而少数民族作家的茁壮成长，包括过去没有作家的民族都拥有了自己的作家群，少数民族作家像蒙古族的纳·赛音朝克图、巴·布林贝赫、扎拉嘎胡，壮族的陆地、韦其麟，维吾尔族的赛福鼎、铁依甫江，彝族的李乔、吉狄马加，朝鲜族的金哲，白族的晓雪，藏族的益希单增、土家族的孙健忠、哈萨克族的艾克拜尔等人闻名全国，这无疑也是中国当代文学的重要成就！

1959 年，梅兰芳以 65 岁高龄排演了他的最后一出新戏《穆桂英挂帅》。他为中国京剧表演艺术走向世界作出了卓越的贡献，用一生谱写了中国京剧史上最华美动人的篇章。

中国舞蹈具有几千年悠久辉煌的历史，中华人民共和国的成立引发了中国当代舞蹈之勃兴，其源头应追溯至毛泽东《在延安文艺座谈会上的讲话》和“延安新秧歌运动”。建国后，随着中央、地方与部队专业歌舞团的相继成立，广大舞人在深入生活、深入民间采风学习的基础上，先后创作演出了许多优秀的舞蹈：《红绸舞》《荷花舞》《鄂尔多斯》《孔雀舞》《丰收歌》《草笠舞》《快乐的罗嗦》……通过对民族舞蹈固有审美特质的提炼、升华，突现了民族群体性格和新的时代气息。取材于敦煌壁画的《飞天》和从戏曲中提炼语汇的《春江花月夜》等堪称古典舞佳作；反映军旅生活和革命题材的《藏民骑兵》《三千里江山》《洗衣歌》《艰苦岁月》等更具现实主义风格。上述作品大都具有广泛、长久的群众影响——流传至今，在国际文化交流中起到了“让世界认识中国”的作用。

经过探索性的实验阶段，1957 年由中国实验歌剧院舞剧团创作演出了中国当代第一部具有典型意义的大型民族舞剧《宝莲灯》。对于中国舞剧的发展具有重要的开拓意义，在国内外舞坛都产生了不可忽视的影响，获得了“20 世纪经典提名”。

此后，更多的剧目遍地开花：《鱼美人》《小刀会》《五朵红云》《蔓萝花》《湘江北去》《不朽的战士》……舞剧的题材、形式更加多样。为庆祝中华人民共和国成立而创作演出的《人民胜利万岁》和国庆 15 周年隆重推出的《东方红》是大型音乐舞蹈史诗的代表作，以恢弘的气势反映了中国革命的光辉历程。

在积极吸纳一切具有世界意义的优秀文化艺术的方针指导下，芭蕾艺术在中国“落户”——1958 年成功地上演了芭蕾经典《天鹅湖》。1964 年

1964 年 10 月 2 日，首都北京举行了盛大国庆文艺晚会，大型音乐舞蹈史诗《东方红》第一次在舞台上演出。《东方红》是一场由 3000 人参加的大型歌舞，将中国革命历史的各个阶段最能反映时代精神的革命历史歌曲作为各场音乐的基本主题，形象地描绘了中国人民在中国共产党和毛泽东主席的领导下 40 多年的革命和建设的光荣历程。作为建国后第一部全面反映中国革命历史的大歌舞作品，《东方红》以其恢弘壮美的场面，众多的民族表演艺术形式在新中国文艺史上写下了辉煌的一页。秋收起义的革命风暴；井冈山革命根据地的斗争事迹；二万五千里长征的艰苦岁月和“百万雄师过大江”的伟大进军……新中国诞生前的种种历史斗争场面，通过感人的音乐舞蹈形象，历历如绘地再现在观众眼前，使在场观众热血沸腾。这部音乐舞蹈史诗的整个演出过程，洋溢着无产阶级的不断革命、彻底革命的精神，反映出伟大的中国人民艰苦卓绝、前仆后继，将革命推向前进的英雄气概。

2008 年，一部引发众多关注的电影《梅兰芳》取得了不俗票房，梅兰芳，这位驰名中外、德艺双馨的京剧表演艺术家再度走入了人们的视线。

梅兰芳，在京剧史上占据着举足轻重的地位。他出身于梨园世家，在五十余年的艺术生涯中，勤学苦练，广采博收，不但把京剧生旦净末丑的优秀唱腔作为学习的蓝本，还向中国的曲艺学习，向国外的歌剧和芭蕾舞剧学习，在学习与继承的道路上大胆创新，首创京剧唱腔南梆子；他在京剧旦角的表演、服饰道具等方面，皆有独创，为四大名旦之首，世称“梅派”；他还是中国第一个获得戏剧博士学位的演员。

这位深具民族正义感的表演艺术家，在九·一八事变后编演了京剧《抗金兵》、《生死恨》，表达了中华民族宁死不屈、抵抗侵略的决心；在卢沟桥事变后蓄须明志，誓死不为日本侵略者演出，成为中国京剧界抗敌的表率。解放后，他历任中国京剧院院长、中国戏曲研究院院长、中国文学艺术界联合会副主席、中国戏剧家协会副主席。1959 年加入中国共产党。

以中央芭蕾舞团首演《红色娘子军》和一年后上海舞蹈学校演出《白毛女》为标志，中国芭蕾艺术在探索民族化的道路上，迈出了坚实的步伐。

1978 年 6 月 2 日，是个在中国当代舞蹈史上值得铭记的日子——在结束了十年动乱之后，中国舞蹈工作者协会正式宣告恢复。德高望重的艺术家吴晓邦担任了中国舞协筹备组组长，负责整个恢复重建工作。1979 年 11 月召开的中国舞协第四次会员代表大会上，中国舞蹈工作者协会改名为中国舞蹈家协会，选举了新一届领导机构，着重讨论新的历史时期舞蹈工作的任务。“新时期”的概念从此在舞蹈艺术领域引发了一系列重大变化，预示着一个新时代的到来。

舞蹈艺术的新时期，与整个中华民族的伟大进步紧密地联系在一起。改革开放 30 年来，中华民族的风俗人情、各个地域最具特色的文化在舞蹈艺术中得到了最直接、最密切、最广泛的表现，成为时代的标志。从在第一届全国舞蹈比赛上问鼎一等奖的《水》《追鱼》，到第二届全国舞蹈比赛上马跃创作的《奔腾》、广受赞誉的《雀之灵》，再到 2000 年后的代表作《扇骨》《壮族大歌》《花儿为什么这样红》《离太阳最近的人》等等，均充分显示了突破原本民间舞风格化动作的窠臼，取像多样的大自然和人类丰富的内心世界，用肢体表达民族心理历程。

在舞台表演与创作上真正跨越了 30 年的，是这个时代旗帜性的人物杨丽萍。她在第二届全国舞蹈比赛中自编自演的《雀之灵》，再到她奇迹般地在《云南映象》中表演的《月光》，在当代中国舞坛上可谓完全另辟蹊径，鲜有比肩之人。《雀之灵》飞舞了近 30 年，所过之处，无一例外地征服了几乎所有中外观众，好像在为新时期舞台民间舞的变革之风做出不断的注解。

新中国成立初期，音乐工作者把对新中国的满腔热情都化作了和谐的乐音。20世纪50年代，在人民当家做主的热烈氛围中，音乐创作空前繁荣：歌曲《歌唱祖国》《全世界人民一条心》《草原上升起不落的太阳》；管弦乐《山林之歌》、《春节组曲》，民族管弦乐（移植）作品《瑶族舞曲》；钢琴独奏曲《新疆舞曲》、《儿童组曲》以及一些优秀的歌剧、舞剧作品成为其中的代表。50年代末60年代初诞生的优秀作品有歌曲《克拉玛依之歌》《草原之夜》，交响诗《嘎达梅林》，小提琴协奏曲《梁山伯与祝英台》，民乐合奏《喜洋洋》等。

20世纪50年代末以后，艺术上炉火纯青的作品陆续出现。《江姐》一剧，标志着民族歌剧艺术的成熟；革命战争时期发挥过重要作用的大合唱，在《长征组歌》和史诗《东方红》中大放异彩；交响乐也因特别注意音乐的标题性、旋律的可唱性以及从民族传统音乐中汲取音调特征而受到听众的普遍欢迎。

杂技在我国有三千多年的历史，中国杂技从1956年开始参加国际比赛

1979年，为庆祝建国30年而摄制的宽银幕动画长片《哪吒闹海》，向全世界展现了奇幻壮美的东方神韵。

并不断获得优异成绩,而尤其在近 20 年来杂技艺术不断创新发展，在国际比赛中共获得 110 块金牌，为祖国、为中国杂技艺术赢得了荣誉。

中国杂技 1981 年 12 月第一次参加法国巴黎第五届世界“明日”杂技马戏比赛时，一鸣惊人，获得金奖中的首奖“法兰西共和国总统奖”。其后的数届比赛中，中国杂技演员又连续获得了这项金奖。

中国杂技获奖节目既有传统节目的改革、提高，如：《舞狮》《钻圈》《转碟》《空竹》《柔术》《蹬技》《手技》《水流星》《顶碗》《秋千》等；也有吸收外来技巧与姐妹技艺而新创造的气势磅礴的大型节目，如吸收了体操与现代舞技巧的《银色畅想——女子抖轿子》和 1997 年在第 11 届巴黎世界“未来”杂技节获得金奖、由沈阳杂技团表演的《少林晨练》和同年在第 21 届摩纳哥蒙特卡洛国际杂技节获得金小丑奖、由山东杂技团表演的《集体车技》。其他像《腾空飞杠》《高车踢碗》《女子大跳板》等节目，都显示了中华杂技艺术善于向兄弟民族和国家学习的包容精神。获得国际金、银奖的杂技团体，共有六十多个，既有北京、上海、天津、广州、武汉、成都和省、自治区与军区的大型杂技团体，也有像聊城地区、万县地区、安庆市、吴桥县等一些小型杂技团体。获奖节目参加者近一千人，在全世界都是首屈一指的。

新中国建立初期，故事片的生产完全由长春、北京、上海三家国营电影制片厂承担。为了培养人才，上海、北京先后成立电影学校，北京的电影学校后来成为中国唯一的高等电影专业学府——北京电影学院。

建国初期，涌现出大量优秀的战争题材影片、历史片以及反映普通人物生活的影片，如《甲午风云》《李双双》《早春二月》《小花》《苦恼人的笑》等。1962 年，以观众投票方式进行的“百花奖”举行。香港李小龙的《精武门》、《猛龙过江》等片，成为最杰出的功夫片代表。20 世纪 60 年代，台湾掀起了以琼瑶电影为代表的文艺爱情片风潮。

随着改革开放的深入，宽松的创作环境为电影人提供了更为广阔的空间。以《黄土地》为代表，“第五代导演”横空出世，在国际电影节上频频获奖，开创了中国电影走向世界的历史性进程。1987 年，《红高粱》勇夺柏林电影节金熊奖。同时出现的，是商业电影带来的娱乐大潮。80 年代末，侯孝贤的《悲情城市》夺得威尼斯金狮奖，台湾产影片开始受到国际的关注。

20 世纪 90 年代起，中国电影开始向市场经济转轨，从而进入全新时段。1994 年，世界大片的引进，强有力地冲击着中国电影业。冯小刚、贾樟柯、陆川等优秀导演不断以不同叙事风格的影片丰富着中国电影。

4. 人民健康高于一切

解放前，我国卫生状况极其落后，各种疾病对人民的侵袭危害异常严重，卫生干部极其缺乏。只有少数大城市拥有医疗机构，广大劳动人民没有就医的机会，农民看病难问题相当突出。中医虽人数较多，但受到歧视，不能发展。

“同仁堂”创建于1669年，是国内最负盛名的中药铺。随着新中国医疗事业的不断发展，老树新花，载誉300余年的北京同仁堂，已发展成为跨国经营的大型国有企业，享誉海内外。

1950年8月，第一次全国卫生工作会议召开，确定“面向工农兵，预防为主，团结中西医”的卫生工作方针。在其指导下，防治危害人民健康最严重的疾病和增进人民健康水平，成为全体医务工作者的中心任务。以除四害、讲卫生、消灭主要疾病为中心的爱国卫生运动不仅消灭了疾病媒介，改善了环境卫生，而且在广大人民中建立了良好的卫生习惯，改变了国家的卫生面貌。

自1951年起，国家实行了全国工矿企业职工劳动保险医疗，对少数民族地区实行了减免费医疗。1952年，对国家机关工作人员实行了公费医疗。农村合作医疗制度随着农业互助合作化运动的兴起也逐步发展起来了：东北地区的农民率先采取合作制和群众集资的方式创办农村基层卫生机构，以解决农村缺医少药问题。1952年9月，《人民日报》发表了《三年来中国人民的卫生事业》一文，对农民互助性的合作医疗给予充分肯定。此后，中国逐步建立起由公费医疗、劳保医疗、合作医疗组成的福利性医疗保障制度。

中医药在新中国得到了重视和发展。1954年，《第三届全国卫生行政会议决议》强调必须采取措施加强中医工作，充分发挥中医力量的作用；《关于改进中医工作问题给中央的报告》建议成立中医研究院，扩大和改进中医的业务，整理出版中医书籍等，对中医事业的发展起了极为重要的促进作用。同年，中医治疗流行性乙型脑炎获得成功，推动了社会各界对中医认识的转变。流行性乙型脑炎是每年夏末秋初在某些地区流行的一种急性传染病，死亡率约在35%到50%之间，在此之前西医一直没有根本和特效的疗法。

1956年9月，在周恩来总理亲自指示下成立的北京中医学院开学。1957年建立了中国医学科学院，包括了基础医学、临床医学、预防医学和药学各个部门，逐步形成全国医学科学研究中心。1958年起全国不少地区先后成立了地方的医学科学院，领导省市和自治区的医学科学研究，使我国医学科学出现了新面貌，“西医学习中医”进入高潮阶段。

“文化大革命”十年，全国各项事业均受到不同程度的破坏，医疗卫生事业也不例外。在“科研就是复辟”的声浪中，中医经典著作被当做封建主义的东西来批判，科研工作更是无从谈起。中医人数缩减，中医专家以“反动学术权威”、“走白专道路”的罪名被打倒。

农村合作医疗却出现了超常规的发展态势。1968年11月，毛泽东亲自批转了湖北省长阳县乐园人民公社举办合作医疗的经验，并称赞“合作医疗好”。12月5日起，《人民日报》用一年时间，连续组织了23期专稿，开展大讨论。其主题是赞扬合作医疗制度的优越性，交流巩固和发展合作医疗的经验，提出进一步搞好合作医疗的建议。在这次大讨论的推动下，从1969年起，全国出现了大办农村合作医疗的热潮。

由于受“文化大革命”极“左”思想的影响，农村合作医疗也存在着许多问题：政治运动形式推进的农村合作医疗客观上扭曲了农村合作医疗的性质，形式主义较为严重，缺乏有效的管理机制、监督机制，而且，通过行政手段配置农村医疗资源，违背了经济和社会发展规律。农村医疗保障体系框架实际上是脆弱的，脱离了农村生产力水平，在很大程度上处于畸形发展状态。

中共十一届三中全会后，党中央、国务院首先对农村合作医疗进行制度化的改革尝试。1979 年 12 月，卫生部等五部委联合发布了《农村合作医疗章程（试行草案）》，这是实行改革开放后国家颁布的第一个有关农村合作医疗的规范性文件，拉开了农村合作医疗制度改革的序幕。

1978 年 9 月，《关于贯彻党的中医政策，解决中医队伍后继乏人问题的报告》指出："中国医药学是一个伟大的宝库，在发展西医队伍的同时，必须大力加快发展中医药事业……，造就一支热心中西医结合工作的西医学习中医的骨干队伍。"中西医结合开始作为与中医、西医并列的一支医药卫生力量，活跃在医药卫生界。

1986 年 7 月，国务院决定成立国家中医管理局，两年后，又在此基础上成立了国家中医药管理局，对中医中药实行统一管理，中医走上相对独立的发展道路。1991 年，第七届全国人民代表大会第四次会议通过《中华人民共和国国民经济和社会发展十年规划和第八个五年计划纲要》，提出"中西医并重"，并将其列为新时期卫生工作的五大方针之一，给中医和西医赋予了同等重要的独立地位。20 世纪 90 年代初，我国开始了一系列以社会主义市场经济为价值取向的农村合作医疗制度改革。1990 年 6 月，卫生部等五部委向国务院递交了《关于改革和加强农村医疗卫生工作的请示》，把"2000 年人人享有卫生保健"作为农村卫生工作的目标。1991 年 1 月，国务院批转了该文件，要求各地参照执行，启动了农村合作医疗新一轮改革。1992 年 9 月，国务院下发《关于深化卫生改革的几点意见》

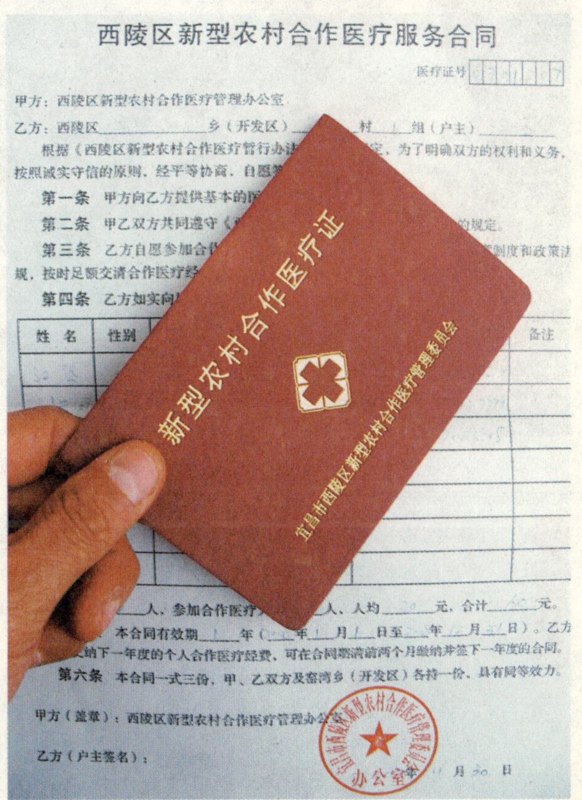

新型农村合作医疗，造福广大农民。

提出“卫生事业是公益性的福利事业”，“支持有条件的单位办成经济实体或实行企业化管理，做到自主经营、自负盈亏”。1994 年，《关于职工医疗制度改革的试点意见》启动了城镇职工医疗保障制度改革，并经国务院批准，在江苏省镇江市、江西省九江市进行了试点。同年，卫生部等与世界卫生组织合作，启动了“中国农村合作医疗保健制度改革研究”项目。从 2001 年起，我国开始探索新型医疗制度。2002 年 2 月，国务院公布《关于城镇医疗卫生体制改革的指导意见》，全面启动医改。10 月，《中共中央、国务院关于进一步加强农村卫生工作的决定》提出“逐步建立以大

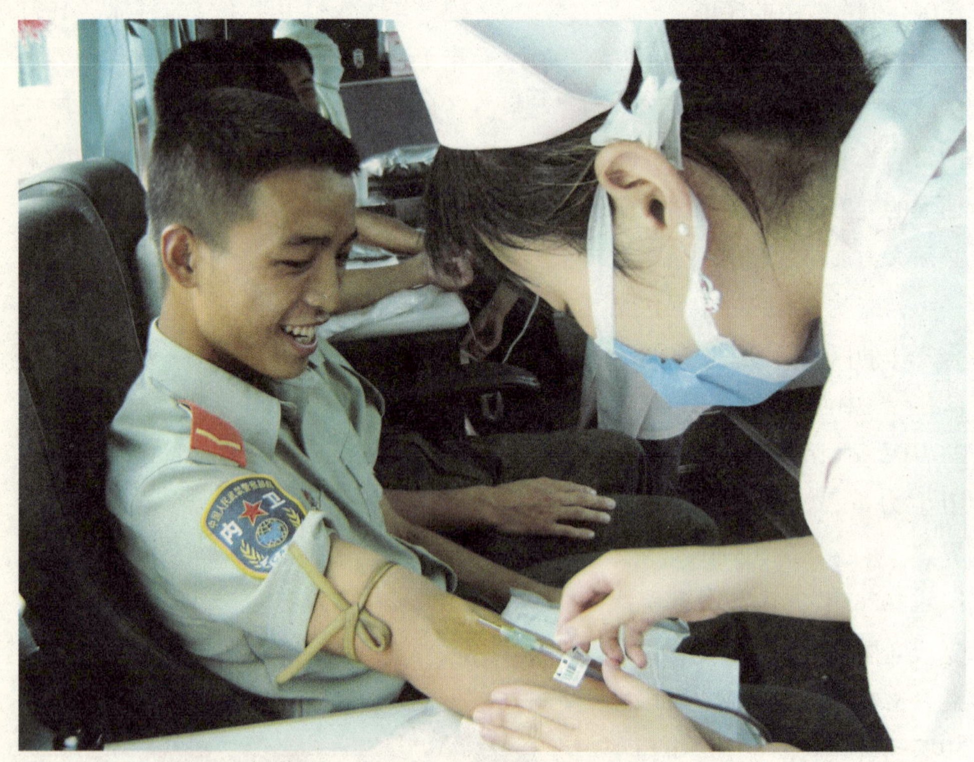

无偿献血是终身的荣誉，无偿献血者会得到社会的尊重和爱戴。

中国印记

无偿献血是指为了拯救他人生命，志愿将自己的血液无私奉献给社会公益事业，而献血者不向采血单位和献血者单位领取任何报酬的行为。近半个世纪以来，世界卫生组织和国际红十字会一直向世界各国呼吁“医疗用血采用无偿献血”的原则。目前许多国家和地区，包括我国的香港、澳门和台湾地区都实行了无偿献血。按照《献血法》规定，我国实行无偿献血制度。

无偿献血制度从 1998 年 10 月 1 日开始，全国无偿献血占采集临床用血比例由 1998 年的 22%上升到 2005 年的 95.5%。献血是全社会共同的义务，只有把所有的人都动员起来，无偿献血制度的威力才能充分发挥。

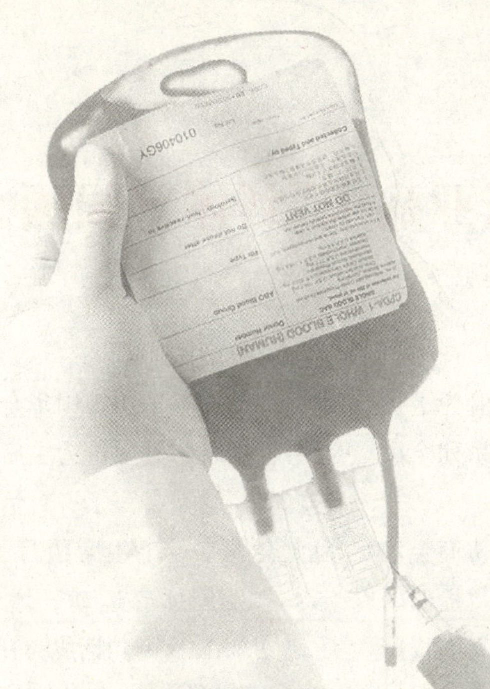

病统筹为主的新型农村合作医疗制度”和“到2010年，新型农村合作医疗制度要基本覆盖农村居民”的目标，要求“各级政府要逐年增加卫生投入，增长幅度不低于同期财政经常性支出的增长幅度”。这个《决定》的下发，拉开了我国新型农村合作医疗制度探索的序幕。

2005年7月，国务院发展研究中心在媒体发布关于医改的研究报告称，中国医改总体上不成功，其症结是近二十年来医疗服务逐渐市场化、商品化。11月，哈尔滨爆出“550万元天价医疗费事件”。同年卫生部明确提出“市场化非医改方向”，医改目标是构筑一个惠及“全民”的医疗保障平台，并陆续在全国启动城镇居民医疗保险试点。

2007年年初，医改协调小组委托六家研究机构对医改进行独立、平行研究并提出建议。同年召开的中共十七大报告提出“人人享有基本医疗卫生服务”、“坚持公共医疗卫生的公益性质”、“强化政府责任和投入”，明确了医改的指导原则。

2007年10月，党的十七大把“人人享有基本医疗卫生服务”确立为全面建设小康社会的重要目标之一，为我国农村医疗卫生事业的发展指明了方向。

2008年10月，《关于深化医药卫生体制改革的意见(征求意见稿)》开始在网络上征求意见。2009年1月，在温家宝总理主持召开的国务院常务会议上，新医改方案获得通过。

5. 从“东亚病夫”到体育强国

新中国成立后，中国政府为了提高国民身体素质，推行了一系列全民体育政策。

1949年，中国人民政治协商会议通过的《共同纲领》列入了“提倡国民体育”的内容，从法律的高度指出了体育工作的重要性。

1949年10月，在原“中华全国体育协进会”的多数理事和监事的发起下，全国体育界人士代表大会在北京召开，决定将原“中华全国体育协进会”改组为“中华全国体育总会”，作为全国性的体育组织。

1951年，中央人民政府政务院发出了“关于改善各级学校学生健康状况的决定”，同年11月，中华全国体育总会公布推行第一套广播体操，广播体操简单易行，是适合广大人民群众参加的活动。国家体委还编制过少年儿童广播体操、纺织工人操、煤矿工人操、钢铁工人操等，在全国推行，尤其是为了广大中小学生的视力健康，还编制出眼睛保健操。

1952年6月，中华全国体育总会成立大会通过了中华全国体育总会章程，一致选举朱德为中华全国体育总会名誉主席，马叙伦为主席。大会召开之前，组委会写了一封信请毛主席为大会题字。毛主席题写了12个大字：“发展体育运动，增强人民体质。”从此，这两句话成为开展国民体育运动的指针：发展体育运动，最根本的目的就是增强人民体质。

竞技体育方面，旧中国一直非常落后。新中国成立以后，为了提高国家的整体实力，甩掉东亚病夫的帽子，中国政府在竞技体育方面作出了很多努力，并取得了重大成就。

1952年7月，第15届国际奥林匹克运动会在芬兰首都赫尔辛基举行。由于当时同台湾有着“两个中国”的斗争，经过一年多的交涉，国际奥委会才最终在奥运会开幕前两天向我国发出邀请。但我国收到邀请信的时候已经是奥运会开幕当天了。刚刚起步的新中国体育事业，面临着一次挑战与抉择。有些人不主张参加，认为中国的体育事业还很落后，加上又是临时组队，去了也不一定能赶上比赛；即使参赛了，也很难取得成绩。团中央和中华全国体育总会筹备委员会为此专门给中央打了报告。周恩来总理坚决主张组队前去参赛。他说："尽管我们还难以在奥运会上取得成绩，但我们还是要去。在奥运会上升起五星红旗就是胜利，要通过运动员的风采来宣传新中国的面貌。"于是新中国第一个赴奥运会的代表团火速组成：荣高棠和黄中带队，运动员只有足球、篮球两支队伍和一名游泳选手吴传玉。而当他们匆匆赶到芬兰的赫尔辛基时，赛程已过半，只赶上参加一场男子100米仰泳预赛。但是，五星红旗在这一年第一次在奥运会上高高飘扬了起来。中国体育代表团不是以成绩，而是以强烈的参与意识和精神，引起了世界各国运动员的关注。

但是，赫尔辛基的所见所闻依然深深刺痛了中国代表团的心：同是社会主义国家的苏联，也是第一次参加奥运会，却一鸣惊人，金牌一块接着一块地拿，几乎与美国平分秋色。而中国足球队在华沙与波兰队打的唯一一场友谊赛却完全呈现了一边倒的局面。

比赛结束回国，荣高棠领队在汇报中一方面报告了奥运会的情况，另一方面就对接下来的体育工作提出了5点意见，包括学习苏联，成立一个政府体育部门，并请像贺龙这样德高望重的领导挂帅，加强学校体育、召开全运会、修建体育场等等。这5条意见，实际上为新中国体育后来的发展搭建起了一个粗略的框架。

中国驻波兰大使也专门给中央领导写了一封信，希望中央重视体育，说一个国家的运动技术水平对于国家的形象太重要了，这样的体育水平跟新中国的国际地位非常不相称。

1952年，五星红旗第一次在奥运会上升起。

荣高棠的报告上呈后，引起了党和国家领导人的重视，仅两个月后，政务院下的中央体育运动委员会正式成立，简称中央体委。热心体育事业的贺龙任主任，荣高棠为秘书长。

1953年，毛主席在一次青年团会议上，提出了“三好”的号召：“身体好、学习好、工作好。”关于“三好”口号中把“身体好”放在第一位的原因，当时很多人提出了质疑，为此，荣高棠特意问过毛主席，毛主席回答说：“身体不好，怎么学习啊?身体不好，怎么工作啊？宣传‘三好’，第一条就是身体好!”

1954年1月16日至21日，国家体育运动委员会第一次全体会议在北京隆重召开。贺龙和荣高棠在会议上分别作了《1953年体育工作总结报告》和《1954年体育工作计划报告》。这使新中国体育事业第一次有了纲领性的文件。同年，中央人民政府政务院发出《关于在政府机关中开展工间操和其他体育活动的通知》，通知正式规定“在每天上午和下午工作时间中抽出10分钟做工间操”并“提倡早操和球类等多种多样的体育运动”。这一年，还公布了“准备劳动与卫国”体育制度，在全国施行，这一制度在20世纪60年代改称青少年体育锻炼标准，它不但提高了广大群众参加体育锻炼的积极性，还为高水平运动员的培养奠定了基础，创造了环境。

新中国的体育事业，就是这样在以毛泽东为核心的党的第一代领导集

举重运动员陈镜开是新中国第一个打破世界纪录的运动员。作为新中国体育史上浓墨重彩的一笔，1987年，陈镜开被国际奥委会主席萨马兰奇授予奥林匹克荣誉勋章。

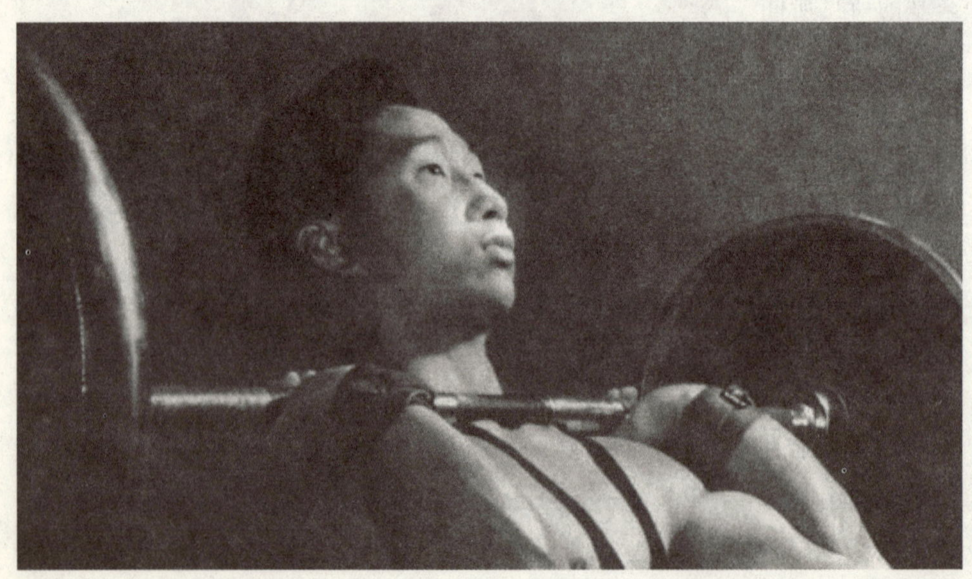

体的关怀下成长起来的。

而这时的中国竞技体育，却一直陷于寻求“零”的突破的苦闷中。突破的重点就选在了与国际差距较小的举重项目上。

1956年6月7日，这是一个希望变成现实的日子，三千多名观众涌入上海卢湾区体育馆，一场中苏举重友谊赛在此举行。各个级别的世界纪录赫然标在举重台上，在最轻量级别挺举项目上，美国人温奇已经将纪录占据了两年之久，成绩为132.5公斤。

在第一次成功举起125公斤后，来自东莞石龙镇的小个子陈镜开第二次就要了133公斤。但第一次冲击没有成功，标志着世界纪录的杠铃掉在地上，“现场一片寂静”，人们等待着第二次冲击。

陈镜开第三次出现在场上，凝神、下蹲、吸气、提铃，起立、开腿、迈步，在一连串的利索动作后，将133公斤的杠铃挺了起来，裁判的三盏白灯同时亮起，成功了！这一举的含义是：中国人第一次打破世界纪录，洗刷了沉积多年的“东亚病夫”的耻辱。当时，举国欢腾。

1956年9月7日晚，北京体育馆里灯光明亮，六千多个位子座无虚席。当时的国务院副总理邓小平、贺龙端坐主席台，观看着港澳联队和国家乒乓球队间的比赛。

容国团是新中国体育史上一个里程碑式的人物——他为中国夺得了第一个乒乓球男子单打世界冠军，也是新中国第一个世界冠军获得者。

国家队派出以王传耀领衔的全部主力阵容，而港澳联队也是高手云集。19岁的容国团作为港澳联队的队长出席，他是当晚最引人注目的球员。从1954年起，他就蝉联香港公开赛的冠军。北京比赛前几个月，他刚刚战胜了世乒赛冠军狄村。开赛后，这个文质彬彬的“瘦高杆”，就将国家乒乓球队的三位核心人物——王传耀、傅其芳和胡炳权纷纷斩落马下，看得旁边的中国队队员连连咂舌。坐在看台上的贺龙，当即写了一封邀请信。11月，容国团接到广州体育学院的入学通知书，回到大陆报效祖国。

1959年3月21日，多特蒙德25届世乒赛的男单决赛，容国团淋漓尽致地发挥了中国人小巧和灵活的优势，以剑走偏锋的“小路球”创造了奇迹，为中国赢得了第一个世界冠军。多特蒙德威斯特代里亚体育馆里国旗升起、国歌萦绕的那一刻成为中国乒乓球界的永恒画面。

自1952年中国人民粉碎国际敌对势力的阻挠和破坏，派出代表团参加第15届奥运会后，国际敌对势力把所谓的“中华民国奥委会”列入国际奥委会名单，妄图制造“两个中国”。中国奥委会在多次抗议无效后，被迫于1958年8月宣布退出国际奥委会。

1961年4月，第26届世界乒乓球锦标赛在北京举行。中国乒乓球健儿没有辜负祖国的期望，经过近半个月的鏖战，他们终于打出了震惊世界的成绩：男子团体获得冠军、男子单打囊括了前四名、女子单打获得冠军、女子双打和男女混合双打分别获亚军。中国乒乓球运动自此全面崛起，日本乒乓球称雄世界乒坛的历史宣告结束。

1966年，文化大革命爆发。十年内乱也让整个新中国竞技体育走入了低谷。体育组织管理系统全面瘫痪，运动队的正常训练基本停止。

党的十一届三中全会后，全国出现了新的政治、经济形势，体育事业的发展进入一个新的阶段，取得了更辉煌的成就。

1979年，国家体委提出：“在新形势下，进一步广泛开展群众体育工作，重点抓好学校体育，积极开展工农体育活动，大力加强少年儿童的业余训练。”此后，群众体育和业余训练得到加强，体育传统项目发展到20000多项，参加训练的学生200多万人。工农体育也蓬勃开展，社会办体育的热潮逐渐兴起，海外华人和港澳同胞也纷纷投资，支持国内体育事业的发展。从城市到乡村，男女老幼都积极参加体育活动，伤残人也投入到体育活动中去。活动内容既有近代体育，又有民族传统体育、家庭体育、体育旅游、医疗体育等新生事物，群众体育的路子越走越宽，体育运动的质量不断提高。

1979年国际奥委会执委会通过了著名的《名古屋决议》，恢复了中国在国际奥委会的合法席位。从此中国体育健儿开始全面进军国际体坛。

继1956年陈镜开成为新中国第一个打破世界纪录的人，1979年希腊举重世锦赛上，吴数德以110公斤的抓举成绩在正式的世界比赛中获得第一枚举重金牌。同年，以马燕红在体操世锦赛上夺得高低杠冠军为标志，掀开了中国体操史的新篇章，她也是中国体操界的第一位世界冠军。

1981年，是中国球类竞技项目的丰收年。这一年大球、小球全面告捷，有传统优势的乒乓球在第36届世乒赛上囊括了全部的7项冠军，同时也创下了世界乒乓球史上的一个记录。中国女排在第三届世界杯女排赛中，战胜了有“主场之利”的“东方魔女”日本队，获得冠军，实现了中国大球竞技史上“零的突破”。

中国跳水队自1981年在第二届世界杯跳水赛上首次夺得三项世界冠军之后，在第5至7届世界游泳锦标赛中共夺10项冠军；在第23届至26届奥运会上共夺得9枚金牌。以巴塞罗那奥运会为标志，中国跳水队一跃成为世界跳水界头号擂主。

中国1981年成为国际羽毛球联合会的正式成员。从那时开始，中国队四夺汤姆斯杯，六夺尤伯杯，两次夺得苏迪曼杯，开创了雄霸世界羽坛的“中国时代”。

1981年11月9日，参加在东京举行的第17届世界女子网球团体赛的中国队和中国台北队在开幕式前愉快地握手。

中国纪事

中国女子排球队于1981年获得世界杯冠军，1982年获得世锦赛冠军，1984年又在洛杉矶奥运会上获得冠军，被称为三连冠。接着，又获得了1985年世界杯冠军、1986年世锦赛冠军，成就世界女排史上首个五连冠的佳绩。20世纪80年代的中国，正是百废待兴，女排以拼搏精神赢得三连冠和五连冠的成绩，成为那个时代楷模，成为当时的中国人的骄傲。当时的主教练为袁伟民，主要队员：孙晋芳、张蓉芳、郎平、陈亚琼、周晓兰、杨希、朱玲、曹慧英、陈招娣、周鹿敏、张洁云、梁艳。

中国体操队继马燕红首次夺冠之后，李宁在1982年的第6届体操世界杯赛中独得全能、自由体操、鞍马、吊环、跳马、单杠共六项冠军，在国际体操界产生了划时代的影响，被誉为“体操王子”。中国体操队在1983年第22届体操世锦赛上一举取代老牌世界冠军苏联队，登上男团冠军宝座，打破了国际体操界的旧格局。此后中国体操队新人辈出，大批以中国运动员名字命名的独创性技术动作被记录在国际体操联合会的史册上：佳妮腾越、月久空翻、莫式空翻、杨波跳、罗丽反吊转体……

在1982年即将结束的时候，中国以61枚金牌、153枚奖牌的战绩，在第9届亚运会上大获全胜。历史上被蔑称为“东亚病夫”的中国，此时成为东亚乃至亚洲的第一体育强国。

1984年中国体育界带给国人的是骄傲：7月28日，中国运动员许海峰出手不凡，一枪击落第23届奥林匹克运动会的第一枚金牌，这也是中国运动员第一次在奥运会上夺得金牌。中国女排的姑娘们在23届奥运会上卫冕成功，一时间“三连冠”成为中国新的流行语。在23届奥运会16天的比赛中，中国运动员摘取了15枚金牌。西方十大通讯社为此均发了专电，称这是中国五千年历史上的壮举。

经过十年的经济体制改革和发展，

射击运动员许海峰。他在第23届奥运会上打破了中国奥运史上金牌“零”的纪录。

到 1989 年底国内生产总值达到 1978 年的 4.67 倍，人均 GDP 增长近 4 倍。经济实力大增的同时，中国成功举办了 1990 年第 11 届北京亚洲运动会。18 年后，又创造了奥运史也是中国体育运动史上的又一个辉煌——北京奥运会。

2008 年 8 月 8 日晚 8 时，第 29 届夏季奥林匹克运动会在国家体育场隆重开幕。开幕式文艺表演名为《美丽的奥林匹克》，由著名电影导演张艺谋担任总导演，主创团队吸引了中外顶尖的艺术家，以及科技和制作方面的一流专家参盟。在三年多的精心准备后，近两万名中外艺术家和文艺工作者用奇妙的创意、高科技的手段、动人的表现手法，奉献给全世界一台经典的奥林匹克视听盛宴，向全世界展现了一个人文大国的气度与内涵。

16 天的比赛日程中，中国健儿屡创佳绩：体操、乒乓、跳水、举重等

“盼盼”是国内外著名的熊猫明星，曾访问美国，轰动美国西海岸。作为 1990 年北京亚运会的吉祥物，当年那个可爱可亲的形象至今仍被人津津乐道。

1990 年北京第 11 届亚运会，熊猫盼盼被选为吉祥物，其憨态可掬的形象伴随着刘欢高亢的歌声席卷亚洲。亚运会期间，手持金牌做奔跑状的盼盼形象几乎天天出现在媒体上，同时也深深地印在了国人的脑海里。它的原形出生于四川，1984 年，四川省熊猫保护区内竹子大面积开花，熊猫遭遇食物危机，那时的盼盼才 4 岁，饥饿中它漂流在宝兴县巴斯沟的一条小河中，被一位农民发现而得救，一度名叫“巴斯”。1990 年，“巴斯”应亚运会组委会邀请赴北京参加第十一届亚运会相关活动，自此摇身一变，成为亚运会的吉祥物，盼盼名扬天下。

中国“体操王子”李宁高擎圣火点燃北京奥运火炬，熊熊燃起的火焰犹如一条盘旋而上的中国龙，照见中华民族的伟大复兴与和平崛起。

梦之队狂揽金牌；皮划艇、跆拳道、射击等项目异军突起，披金戴银；一些曾经的弱势项目亦有突破性进展。

8 月 24 日，中国最终夺得金牌总数第一，被世界公认“举办了一届史上最成功的奥运会”，它是新中国体育 60 年的巨大成就的最好诠释，同时彰显了一个文明大国、一个伟大民族在当代的伟大复兴与崛起。

中国印记

福娃是北京 2008 年第 29 届奥运会吉祥物，是五个拟人化娃娃，他们的原型和头饰蕴含着与海洋、森林、火、大地和天空的联系，其色彩与灵感来源于奥林匹克五环和中国辽阔的山川大地、江河湖海。他们的造型分别融入了鱼、大熊猫、奥林匹克圣火、藏羚羊以及沙燕风筝的形象。每个娃娃都有一个琅琅上口的名字：“贝贝”、“晶晶”、“欢欢”、“迎迎”和“妮妮”。在中国，叠音名字是对孩子表达喜爱的一种传统文化方式。当把五个娃娃的名字连在一起时，你会读出北京对世界的盛情邀请“北京欢迎您”。福娃向世界各地的人们传递着友谊、和平、积极进取的精神和人与自然和谐相处的美好愿望。

“贝贝”、“晶晶”、“欢欢”、“迎迎”和“妮妮”，既暗含了“北京欢迎你”的深情厚谊，又有孩子的天真意趣。五个憨态可掬的福娃，别具匠心，令人爱不释手。

我国行政区划变迁

新中国成立初期，全国设东北、华北、西北、华东、中南、西南6大行政区，分别管辖各省区，省下设专区，专区下设县，大体形成4级行政区划。省、自治区、直辖市最多时有50余个。1954年6大行政区被撤销。1955年撤销热河、西康两省，新疆省改设新疆维吾尔自治区，西藏地方改为西藏自治区（筹备委员会），昌都地区划归西藏自治区(筹备委员会)。至此，省级行政区划基本稳定下来。

1956年至1977年是我国行政区划体制进一步趋向稳定的阶段。1956年全国共有北京、天津、上海3个直辖市，河北、山西、辽宁、吉林、黑龙江、江苏、安徽、浙江、福建、江西、山东、河南、湖北、湖南、广东、广西、四川、贵州、云南、青海、陕西、甘肃、台湾等23个省，以及内蒙古自治区、新疆维吾尔自治区和西藏自治区(筹备委员会)等一级政区29个。

1978年起，随着沿海地区经济的迅速发展，不少县纷纷按照“整县改市”的模式升格为县级市，并将部分地区与市合并，逐步推行市领导县的体制。就省区一级而言，1988年建立海南省，1997年重庆市升为中央直辖市。而20世纪90年代后期，香港、澳门先后回归分别设立了香港特别行政区和澳门特别行政区，实行一国两制，这不仅在我国地方行政区划史上开辟了全新的一页，而且在全世界也具有深远的影响。

第八章　万众一心，众志成城

1. 唐山大地震，一方有难八方支援

国人将永远铭记历史的这个时刻：1976 年 7 月 28 日，北京时间凌晨 3 时 42 分 54 秒，在河北省唐山市发生 7.8 级强烈地震，地震震中在唐山开平区越河乡，震中烈度高达 11 度，震源深度 12 公里，长期集聚在这里的巨大能量骤然爆发，相当于 800 吨黄色炸药在城市底下猛烈爆炸。

唐山第一次失去了它的黎明。

大地先是上下剧烈颠动，接着是左右摇晃。唐山被漫天迷雾笼罩。石灰、黄土、煤屑、烟尘以及一座城市毁灭时所产生的死亡物质，混合成灰色的雾。浓极了的雾气弥漫着，无声地笼罩着这片废墟，笼罩着这座空寂无声的城市。

已经听不见大震时核爆炸似的巨响，以及大地颤抖时发出的深沉的喘息。仅仅数小时前，唐山还是那样美丽。

同日 18 时 45 分，又在距唐山四十余公里的滦县商家林发生 7.1 级地震。地震波及周边地区，其中北京的烈度为 6 度，天津的烈度为 8 度。有感范围波及重庆等 14 个省、市、区，破坏范围半径约 250 公里。

天津市发出房倒屋塌的巨响，正在该市访问的澳大利亚总理被惊醒；

在唐山地震中，唐山、天津、北京地区总共死亡 242000 多人，重伤 164000 多人——人类将永远铭记历史的这个时刻：公元 1976 年 7 月 28 日，北京时间凌晨 3 时 42 分 54 秒。

北京市在摇晃不止，人民英雄纪念碑在颤动，天安门城楼上粗大的梁柱发出断裂般“嘎嘎”的响声。

在华夏大地，北至哈尔滨，南至清江一线，西至吴忠一线，东至渤海湾岛屿和东北国境线，这一广大地区的人们都感到异乎寻常的摇撼。强大的地震波，以人们感觉不到的速度和方式传遍整个地球。

这次地震发生在工业城市，人口稠密，发生的时间正当人们沉睡的时候，使得绝大部分人毫无防备，损失惨重。唐山地震无明显前震，余震持续时间长，衰减过程起伏大。地震造成的大规模伤亡和损失主要在于地震发生的时间和突然性。

唐山被认为地处地震灾害发生率相对较低的地区。很少有建筑拥有较高抗震级别，而且整个城市位于相对不稳定的冲积土之上。地震摧毁了方圆6至8公里的地区。许多第一次地震的幸存者由于深陷废墟之中而丧生于15小时后的7.1级余震。之后还有数次5.0至5.5级余震。在地震中，唐山78%的工业建筑、93%的居民建筑、80%的水泵站以及14%的下水管道遭到毁坏或严重损坏。

因唐山大地震而成为孤儿的人数有4204人，庞大的受灾人数令灾后重建十分困难。另有16.4万人重伤，7200个家庭全家在地震中死亡。

地震破坏范围超过3万平方公里。造成24.2万人死亡，16.4万人重伤，倒塌民房530万间，直接经济损失54亿元，为中国有史以来死亡人数第二多的地震。

地震波及唐山附近许多地区，秦皇岛和天津遭受部分损失，距震中140公里的北京也有少量建筑受损。由于通讯设备被毁，地震的具体灾情是由唐山市派专人驾车到北京通报中央政府的。

唐山大地震发生后，毛主席、中共中央、国务院当日向灾区发出了慰问电，并派出了以华国锋总理为团长的中央慰问团，深入灾区进行慰问。

唐山大地震发生在城市集中、工业发达的京、津、唐地区，震级大，灾害严重。党中央、国务院决定实施国家级救灾。成立各级指挥部，以解放军为主体对口支援，有组织地进行自救、互救活动。十余万解放军官兵紧急奔赴灾区救援；全国各地5万名医护人员和干部群众紧急集中，参与救死扶伤和运送救灾物资；危重伤员由专机、专列紧急疏散转移到11个省市治疗。

强烈的地震使交通中断，通讯瘫痪，城市停水、停电，抢修通讯、供水、供电、恢复交通等生命线工程是唐山救灾的最紧迫的任务之一。中央据此迅速布置了各专业系统对口包干支援的任务。邮电、铁道、交通、电力、市政建设等部门立即行动，保证了上述系统工程恢复和重建的顺利进行。地震时正值盛夏，天气炎热，阴雨连绵，疫情严峻，唐山防疫工作采取突击治疗、控制疫病传染源、改善环境、消除病菌传染媒介、预防接种、提高人员抵抗力等综合措施，实行军民结合、专群结合、土洋并举的办法，把疫病消灭在发生之前，从而创造了灾后无疫的人间奇迹。

震后，国家用于唐山恢复建设的总投资为 43.57 亿元。历经 7 年的建设，唐山建成一座功能分区明确，布局比较合理，市政建设比较配套，抗震性能良好，生产、生活方便，环境比较优美的新型城市。震后的建筑物均达到了八度设防，“唐山是世界上最安全的城市”。

强烈的地震使唐山一带交通、通讯瘫痪，恢复生命线是唐山救灾的最紧迫的任务之一。中央据此迅速布置了各专业系统对口包干支援的任务。图为直升机到震区抢运重伤群众。

2. 抗洪抢险，洪水无情人有情

1998年夏季，中国南方罕见地多雨。持续不断的大雨以逼人的气势铺天盖地地压向长江，使长江无须臾喘息之机地经历了自1954年以来最大的洪水。洪水一泻千里，几乎全流域泛滥。加上东北的松花江、嫩江泛滥，松花江洪水是其在20世纪遭受的第一次大洪水；珠江洪水是其在20世纪遭受的第二次大洪水，共有29个省、市、自治区都遭受了这场无妄之灾，江西、湖南、湖北、黑龙江、内蒙古、吉林等受灾最重，受灾人数上亿，近500万所房屋倒塌，2000多万公顷土地被淹，经济损失达1600多亿元人民币。

哪里有危险，哪里就有人民子弟兵。

6月起，长江上游一共出现了8次洪峰，中下游也爆发洪水，最终成为全流域大洪水。西江（珠江流域）、闽江相继发生洪水，原因是上游干流、支流来水和流域内降雨。6月底至7月初，松花江洪水也出现了，主要来自嫩江上游和诺敏河、甘河。至8月上旬，第三次洪水发生，嫩江全流域大洪水。

长江洪水泛滥是长江流域森林乱砍滥伐造成的水土流失，中下游围湖造田、乱占河道带来的直接后果。长江两岸有4亿人口居住，20世纪50年代中期，长江上游森林覆盖率为22%，由于不断进行的农地开垦、建厂和城市化，使两岸80%的森林被砍伐殆尽。四川省193个县中，森林覆盖面积超过30%以上的仅有12个县，一些县的森林覆盖面积还不到3%。为此，长江流域180万平方公里土地中，有20%发生水土流失，每年从上游携带下来5亿吨以上的土沙顺着长江流入了东海。由于年复一年的土沙淤积，长江的河床从多年前开始就已高出了地面，成为继黄河之后的又一条“悬河”。长江的“碧水”早已荡然无存，其“浑黄”程度可以和黄河“媲美”。另一方面，长江中下游有蓄洪功能的湖泊则在迅速地萎缩着，洞庭湖水域面积从1949年的4350平方公里缩减到2145平方公里，鄱阳湖在40年间缩小了1/5，还有数百个中小

湖泊已经永远地从地图上消失了。

除此之外，1998年特大洪水和1997年爆发的百年来最强的厄尔尼诺现象也有密切的关联。厄尔尼诺的强大暖湿空气带来了强降水，造成长江流域洪峰不断。紧随着厄尔尼诺来的拉尼娜现象又使应当按期北移的副热带高压突然杀了个“回马枪”，使一度相对缓解的长江干流汛情再度紧张起来，以致长江全线告急。长江洪水泛滥和地球温暖化之间的密切关联使专家们不无担心——如果大气中的二氧化碳浓度增加一倍的话，地球上的降水量将增加3%—15%，大雨和洪水的增加与地球温暖化状况是并行发展的。1998特大洪水发生后，全国人民对此都十分关注。在党中央、国务院的直接领导下，数百万军民同洪水作了殊死的搏斗，抗御了一次又一次的洪水袭击，终于保住了重要堤防，保住了重要城市和主要交通干线，保护了人民的生命安全，最终取得了抗洪抢险的全面胜利。在这种不利的条件下能取得抗洪抢险的胜利，确实是很了不起的，是同党中央、国务院对这次抗洪抢险的高度重视和广大干部群众同心协力与洪水拼搏分不开的。江泽民、朱镕基等中央领导同志都亲临抗洪第一线指挥战斗，全国参加抗洪抢险的干部群众达800多万人(长江670万人，东北110万人)。特别是解放军、武警部队在这次抗洪抢险中发挥了重要作用。

截至1998年8月24日，全军和武警部队投入抗洪抢险兵力达30多万人，有110多名将军亲临一线指挥，不亚于战争中的一次大战役。同时还得到全国各地各部门的大力支持与合作，正所谓“一方有难，八方支援”。

3. 抗击非典，没有硝烟的战场

2002年11月16日晚，一位广东省佛山市的中年男性无明显诱因而出现发热、头痛和周身不适。起初他以为是患了感冒，自己服了些感冒药，未见效果，体温上升为39度并持续不退。几天后，他在家人陪同下住院治疗。三四天后，这位病人肺炎表现加重，有明显罗音，气促，拍胸片发现阴影扩大。25日，他被紧急转送佛山市第一人民医院。几天后，一直近距离照顾他的四位亲友相继出现类似症状。

几乎是同一时间，一个在深圳某餐馆当厨师的男性也得了这种“怪病”，12月15日，被家人送到河源人民医院治疗，随后，河源医院曾为他治疗过的9名医护人员先后有了类似症状。

这是一种新的传染病将要爆发的最初信号。但在当时，这种信号并未引起医疗卫生部门应有的警觉，更未采取相应措施。随后，在广东省的江门、广州、中山等地也相继出现类似病例，接诊的医务人员不断有被感染者，家庭集聚性特点也一次次惊心再现，社会上各种各样的传言渐渐多了起来。

2003年1月22日，广东省首次用“非典型性肺炎”命名这种新型疾病，世界卫生组织予以认可。

2月6日，农历正月初六，广东的非典进入发病高峰期。这一天全省共发现218个非典病例，比前一天增加了45例，大大超过此前单日新增病例数。这些病例主要集中在广州，相当一部分是医务人员和病人亲属。

迅速增多的非典病例引发了公众的恐慌情绪。消息先是由医院内部员工发给亲友的提醒短信，然后又由这些亲友传递给更多的人。据广东移动通讯的短信流量统计，2月8日到10日的短信流量与腊月三十到正月初一期间的拜年短信流量相差无几。借助于这些短信，小道消息已经是铺天盖地，人们对这个来路不明的怪异“幽灵”做着种种恐怖性的猜想。这种病似乎比瘟疫还要恐怖，作为一种烈性传染病，通过呼吸就能传播。很快，在各大药店门口出现了恐慌的人们排起的长队。多数人并不清楚该买些什么药，只是跟风抢购一些抗病毒药品。不久，此类药品脱销，买不到药的人更加恐慌，晚上药店关门时还有人在排队。与此形成鲜明对照的是，街道呈现出一片萧条景象，酒店、餐馆及各种娱乐场所很少有人光顾。

2003 年 2 月 11 日，农历正月十一，广州市政府召开新闻发布会，公布了广州地区非典型肺炎情况，承认广东当时已发现 305 例非典型肺炎病人，并有 5 例死亡。“非典”的警报，从广州拉响。

2 月中旬，非典疫情传至香港。源头是一名感染非典的广东老教授，赴港参加亲友婚礼，但婚礼尚未开始他就染病身亡，随后导致百余人感染，并由此引发了非典的国际大流行。在内地，非典也从广东向广西、四川、山西及更多的地区传播。

3 月 1 日，北京接收了第一个输入性非典病例。患者是一名山西省的女商人于某，在太原做珠宝生意。2 月下旬，她在广东进货时，发烧胸闷。当时于某没有在意自己的病情，回太原后与家人相处一起。但不幸的是，与她密切接触的家人相继倒下。3 月 8 日，于某的弟弟、弟媳妇、丈夫等另外 5 人也同时住进了 302 医院。在随后的几天里，她的母亲、父亲、弟弟、弟媳和一岁多的孩子相继染病住院，在太原与她接触过的三名医护人员也被感染。

从这一天开始，北京陆续出现了一个又一个的非典病例。社会上关于非典的传言也不胫而走，网上的说法更是五花八门。春天的北京，街头，流行戴白色的口罩。往日拥挤的北京西站，突然变得空空荡荡；平日车水马龙的长安街上变得路广车稀，处处弥漫着消毒液的味道；坐在地铁里的人们，戴着口罩彼此躲闪着。

由于没有来自正式渠道的提醒，公众对这种新型传染病依旧缺乏起码的认识，对非典的传染源、致病原因、传播途径、传播方式、特别是如何预防等基本知识都知之甚少。虽然有人也尽力采取了一些自我防范的措施，如出门戴口罩等。但事后看来，这些措施并不真正有效。

3 月 26 日，新华社发布消息称，北京输入性非典型肺炎得到有效控制——这是首次有关北京非典的官方报道，网上流传的“北京疫情”部分得到了证实。

此时的广东，非典疫情已经进入相对平稳缓和期，而北京却正在成为非典爆发的重灾区。3 月 27 日，世界卫生组织正式将北京定为非典“疫区”。

肆虐的非典终于惊醒了中国的最高领导层。

4 月 12 日，温家宝和吴仪等国务

院领导，专程到救治非典病人最多的北京佑安医院看望医务人员。4月14日，中共中央总书记胡锦涛出现在广州市北京路商业街上。他言辞殷切地对在场人员说："我们很揪心，感到焦急。"

意识到"非典"疫情的危害性，国务院立即提出研究《突发公共卫生事件应急条例》，从4月14日开始着手去做，并将"非典"列入《传染病防治法》进行管理。

中共中央政治局常委会和中共中央政治局专门召开会议，作出一系列防治非典的重大工作部署，在此期间国务院还向北京市派出督察组，同北京市政府和中央有关部门一起，一家一家医院进行核对，一个一个患者进行登记。经过一周的紧张工作，终于查清了北京地区所有医院收治的病例：截至4月18日，北京共确诊非典型肺炎病例339例，另有402例疑似病例，死亡18人，治愈出院33人。

2003年4月20日，卫生部召开新闻发布会，如实介绍了非典疫情的最新动态，宣布了国务院为控制疫情扩散作出的一系列决策，宣布：从次日(即21日)开始，由原来五天公布一次疫情改为一天公布一次，公布的内容既包括确诊病人的数字，也包括疑似病例的数字。

记者招待会通过中央电视台作了现场直播，全国各地的观众都在第一时间了解了非典疫情的真实情况。对于很多人来说，非典的肆虐无疑会使他们感到有些紧张，但由于了解了实情，看到党和政府与人民站在一起，便鼓起了团结一致、战胜非典的勇气。从此，抗击非典的斗争出现了重大转折。

北京代市长王岐山在第一次北京市常务会议上表态：坚决做到军中无戏言！他邀请世界卫生组织的官员在他隔壁的办公室办公，保证"我知道的你都会知道"。在新闻发布会上，他对市民们说："人不自信，谁人信之？"同时，国务院成立国务院防治非典型肺炎指挥部，由副总理吴仪任总指挥，统一指挥。随后，北京市中小学全部放假，并对北大附属人民医院开始封闭隔离。按照中央的统一部署，4月21日，北京确定首批6家非典定点医院。

大中小学校、幼儿园、公共交通工具、商场等人群密集场所，成为非典防治的重点地区和重点环节。教育部要求各高校增强师生员工防病意识和自我保护能力，对学生宿舍、食堂、教室、图书馆、实验室等重点场所定期进行消毒，并保证空气流通；为学生宿舍配发体温计，对体温高者进行密切观察、排查。中国民航总局发布公告，所有国内航班旅客，在办理登机手续前，必须认真如实填写《健康申报表》。对机场发现患有非典型肺炎的旅客将劝阻其登机。铁路和公路交通等部门紧急采取措施，对在交通工具上发现的非典病人或疑似病人，立即实施隔离。

在抗击非典的决战时刻，各级党委和政府认真负责，靠前指挥，充分发挥了中流砥柱作用。广大共产党员、共青团员、现役军人都在各自的岗位上冲锋在前，发挥了先锋模范作用。广大医护人员奋战在抗击非典的第一线，涌现出许多可歌可泣的英雄事迹。

北京抗击非典斗争进入攻坚阶段，周边的省、市紧急调配大批防非典物资，源源不断地运往首都，保证首都抗击非典斗争的急需。社会各界和港澳同胞、国外侨胞、海外华人纷纷慷慨解囊，捐款捐物捐药。

从4月30日起，北京市的疫情开始小幅回落，但仍处于高发期。5月2日，新增非典确诊病例数首次跌破100，街上的行人开始多了起来。

到5月中旬，农民工群体成为新增病例的主体，山西、内蒙古等地疫情有向农村蔓延的趋势。为此，国家及时出台了相关政策：农民和农民工当中的非典患者，包括疑似病人，一

在抗击非典的过程中，我们经历了几个月的麻木与慌乱，终于夺回了抗击非典的主动权。紧接着，一系列大刀阔斧的举措纷纷出台。图为在客机机舱内，工作人员要随时监测乘客的体温，以防疫情继续传播。

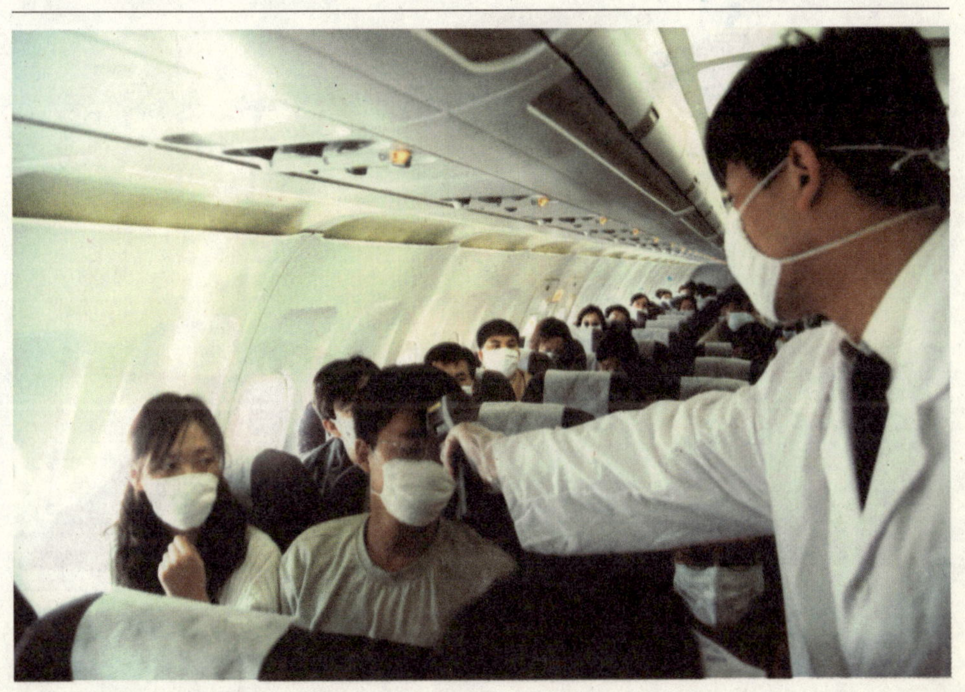

律实行治疗、隔离、检查“三个免费”的政策；在有疫情的城市里对进城务工的农民实行“三就地”：就地预防，就地隔离，就地治疗；对已经返乡的农民工建立县、乡、村三级疫情报告制度；同时加强对农民的宣传、教育等。由于政策对头，措施得力，非典未在农村大规模蔓延。

5月29日，北京首次迎来非典病例“零”纪录——没有新收治的非典确诊病例。这表明北京市防治非典的五月攻坚战已经取得了阶段性成果。

6月13日，世界卫生组织宣布，解除到中国河北省、内蒙古自治区、山西省和天津市的旅游警告。24日，又宣布撤销对北京的旅行警告，同时将北京从非典疫区名单中排除。至此，中国内地抗击非典的斗争取得了决定性胜利。

胜利来之不易。据统计，截至6月24日，中国内地累计报告非典型肺炎患者5327名，死亡348名。

“非典”之后，中国政府对传染病的态度发生了重大的转变，正是吸取了“非典”带来的惨痛教训。更具深远意义的是，中国政府已通过立法，建立了突发事件应急报告制度。

“非典”过去后，当再次遭遇“天灾”，面临“国难”——“5·12”汶川大地震时，中国政府及时公开信息，全民总动员，凝聚了全国的力量。政府在重大突发事件中的信息公开，经过“非典”的洗礼，犹如一扇沉重的城门慢慢地变得透明，缓缓地被推开。

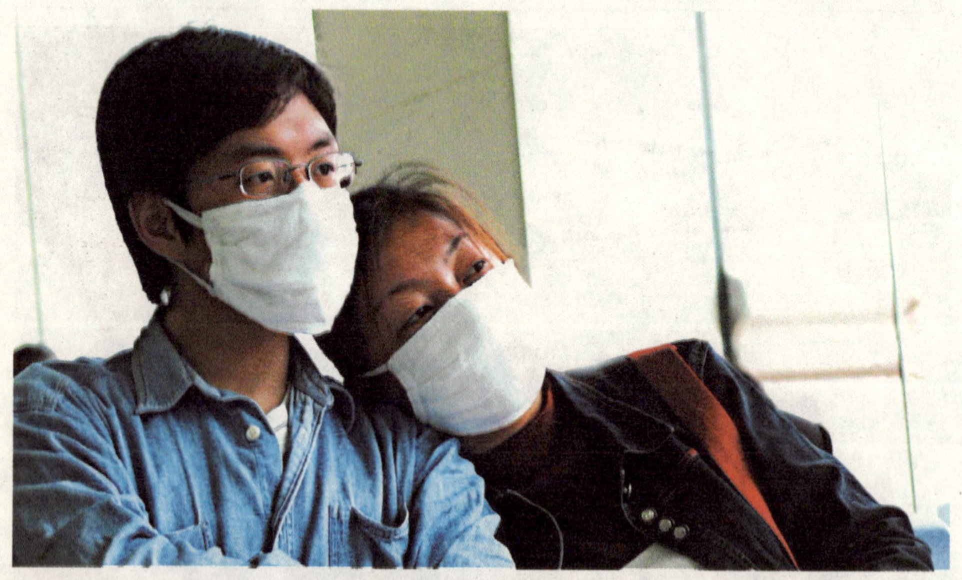

疫情肆虐，但人间真情常在。正是亲情、友情、爱情和人与人之间的互助之情，鼓舞着人们勇敢地面对SARS的挑战，最终战胜了疫情。

4. 2008，汶川不相信眼泪

"5·12"，永远的国殇

2008年5月12日14时28分04秒，四川省汶川县（北纬31度，东经103.4度）发生强烈地震。半小时后，中国地震台网中心利用国家地震台网的实时观测数据，速报这次地震震级为里氏7.8级（5月18日，中国地震局根据国际惯例，组织专家利用包括全球地震台网资料在内的更多台站资料对地震参数详细测算后，将震级修订为里氏8.0级）。这是新中国成立以来破坏性最强、波及范围最大的一次地震，包括震中50公里范围内的县城和200公里范围内的大中城市均有震感，宁夏、青海、甘肃、河南、山西、陕西、山东、云南、湖南、湖北、上海、重庆、北京等全国多个省市有明显震感。中国除黑龙江、吉林、新疆外均有不同程度的震感。其中以陕甘川三省震情最为严重。甚至泰国首都曼谷，越南首都河内，菲律宾、日本等地均有震感。

汶川地震的震级是自2001年昆仑山大地震（8.1级）后的第二大地震，直接严重受灾地区达10万平方公里。其地震成因是印度板块向亚洲板块俯冲，造成青藏高原快速隆升导致地震。由于震源浅，所以破坏力巨大。

震后不到30分钟，解放军总参谋部启动应急预案。成都军区派出直升机查看灾情。驻灾区的成都军区6000

多名官兵和武警四川总队3000余名官兵紧急出征，开赴灾区一线。

震后不到1小时，新华社播发中共中央总书记胡锦涛重要指示，要尽快抢救伤员，保证灾区人民生命安全。下午4时，温家宝总理搭乘空军专机赶往四川灾区。温家宝在机上发表讲话说：灾害面前，最重要的是镇定、信心、勇气和强有力指挥。党中央国务院高度重视这次特别重大的地震灾害，成立了以我为总指挥的抗震救灾指挥部。

胡锦涛总书记当晚主持召开中共中央政治局常务委员会会议。中央宣布成立抗震救灾总指挥部，温家宝任总指挥，李克强、回良玉任副总指挥。

晚7点，两架运输机从北京起飞。由中国地震局、北京军区某部工兵团、武警总医院组成的逾200人的国家地震灾害紧急救援队和国家地震灾害现场工作队随机奔赴地震灾区。民政部当晚会同财政部向四川灾区紧急下拨两亿元中央自然灾害生活补助应急资金。

晚10点，国家减灾委紧急启动一级救灾应急响应预案。这是新中国成立以来第一次启动国家一级救灾响应。此前，地震发生不到两小时内，国家减灾委紧急启动了国家二级救灾应急响应。

晚12点，温家宝总理在都江堰搭起的帐篷内召开国务院抗震救灾指挥部会议，他强调第一位的工作是抓紧时间救人。

地震发生第二天，外交部发言人秦刚宣布，中国政府同意日本政府派遣专业救援人员赴四川地震灾区协助救援行动。截至当天下午2时，世界上已有151个国家及14个地区或国际组织通过各种方式对四川汶川地震造成的灾害表示慰问。

5月16日夜里，经过武警官兵的日夜奋战，已将通往四川汶川、北川、青川、平武、茂县、理县等重灾区的公路抢通。成都地区通信基本恢复正常。

5月18日，国务院发布公告：决定2008年5月19日—21日为全国哀悼日。在此期间，全国和各驻外机构下半旗致哀，停止公共娱乐活动，外交部和我国驻外使领馆设立吊唁簿，全国哀悼日期间，北京奥运会圣火将暂停传递。当日，胡锦涛到灾情严重的四川什邡市慰问受灾群众和救援人员。

5月19日14时28分起，天安门广场上的五星红旗降至半旗。新中国成立59年来，国旗第一次为自然灾害中的罹难同胞而降。全国人民默哀3分钟，届时汽车、火车、舰船鸣笛，防空警报鸣响。胡锦涛、吴邦国、温家宝、贾庆林、李长春、习近平、贺国强、周永康等领导同志在中南海怀仁堂前肃立默哀3分钟。

5月22日，联合国秘书长潘基文

抵达中国地震重灾区汶川县映秀镇察看灾情，温家宝在映秀镇救灾现场与潘基文会面。潘基文赞扬中国政府和领导人在抗震救灾中展现的超凡领导能力，表示联合国将和中国人民一起战胜地震灾害。

5 月 27 日，国务院提出实行一省帮一重灾县，几省帮一重灾市（州），举全国之力加快恢复重建。

汶川地震造成的直接经济损失达 8451 亿元人民币，遇难 69227 人，受伤 374643 人，失踪 17923 人。其中四川省 68712 名同胞遇难，17921 名同胞失踪，共有 5335 名学生遇难或失踪。

经国务院批准，鉴于四川汶川发生 8.0 级特大地震损失及影响之大，自 2009 年起，每年 5 月 12 日为全国防灾减灾日。目的是唤起社会各界对防灾减灾工作的高度关注，增强全社会的防灾减灾意识，推动全民防灾减灾知识和避灾自救技能的普及推广，普遍提高综合减灾能力，最大限度地减轻自然灾害的损失。

汶川的噩梦，让人们意识到生命的脆弱，更认识到生命的坚强在于人与人之间的支撑。一方有难，八方支援，无论身在何方的中华儿女，都向着那天崩地裂的方向呐喊着：汶川，加油！

新华通讯社

简称“新华社”，是中华人民共和国的国家通讯社，也是具有中国特色的世界性通讯社。它的前身是1931年11月7日创建于江西瑞金的“红色中华通讯社”，1937年在延安改为现名。70多年来，随着党和国家事业的发展，新华社的职能逐步加强和拓展。新时期新华社主要担负着党和人民的耳目喉舌、国家通讯社、消息总汇和世界性通讯社的职能。履行上述四项职能主要通过三种形式：一是传统形式的报道，包括文字、图片、图表通稿、专线稿、专特稿，国内、国际参考报道等；二是新形式的报道，主要是在新技术条件下兴起的网络、信息、音频、视频、手机短信等业务；三是社办报刊。

《人民日报》

为中国共产党中央委员会机关报。1948 年 6 月 15 日，由《晋察冀日报》和晋冀鲁豫《人民日报》合并而成的中共华北局机关报《人民日报》在河北省平山县里庄创刊，毛泽东同志为《人民日报》题写报头。1949 年 3 月 15 日，《人民日报》迁入北京(当时的北平)。同年 8 月 1 日，中共中央决定将《人民日报》转为中国共产党中央委员会机关报，并沿用了 1948 年 6 月 15 日的期号。

作为一张权威、严肃的综合性日报，《人民日报》任何时候都能对新闻事件作出迅速、及时、有效的反应。准确而有深度地报道国内外重大事件，已成为《人民日报》的特色之一，从而赢得国内外读者的普遍信赖。同时《人民日报》承担着每天向全国和世界传播与介绍中国共产党和中国政府的方针、政策及主张的重任，其中《人民日报》的言论（尤其社论和评论员文章等)，已成为《人民日报》的一面旗帜，被认为直接传达着党中央国务院的声音，而备受海内外读者及外国政府和外国机构的高度重视。因此，《人民日报》既是广大干部群众了解中国共产党中央精神的最主要媒体，也是世界了解和观察中国最新变化的重要窗口。

第九章　衣食住行六十年

1. 衣：万紫千红总是春

1949年，中华人民共和国犹如初生的朝霞在东方升起，中国人的精神面貌为之一新，但服饰却呈现出中西泾渭分明的态势。一方面，沿海城市里刚刚从旧社会殖民地走出的人们依然西装革履；另一方面，广大农村和城市下层民众仍维持着最基本的“短褐不完”的着装水平。人们对衣着时尚美的追求化为对革命工作的狂热，劳动是美，心灵最美为社会认同。

解放区的健康风尚与服装款式色调也随着大军南下西进而传遍全国，苏式列宁服是20世纪50年代最时髦的服装，女性在花棉袄外套上一件灰布列宁服，显示着离开灶台、走向社会。哥萨克式斜开襟小立领衬衣，伊凡诺夫式鸭舌帽，娜塔莎式布拉吉，伴着随处听到的《青年圆舞曲》显示着布尔什维克对新中国的影响。

20世纪50年代初期的“三反”、“五反”、“公私合营”第一次使资本家自觉地解下领带，脱去西服革履，融入工人群众之中。农村土地改革以及“镇压反革命”运动，迫使旧地主不敢再戴瓜皮帽，不敢再穿团花缎面袄。新中国的第一个十年是在改变旧观念，重新确立新的服饰形象的革命热潮中度过的。这一切，使得朴素成了基调，工农装成了四亿人的向往。

1960至1963年间，中国经历了特大自然灾害，匮乏的经济使得人们的服饰发展受到了限制。“新三年，旧三年，缝缝补补又三年”是当时中国人民穿衣状况的写照。而20世纪60年代反右、反右倾运动掠过中国大地之后，伴随着政治上极“左”思潮的愈演愈烈，服饰标准由一般概念上的朴素而走向了革命意志下的极端。褡裢被归为封建迷信的行列，脂粉被指为“资产阶级香风毒气”。纽扣不要系齐，裤子不要裤线，皱皱巴巴，捋袖子，绾裤腿，浑身风尘仆仆，两脚沾满牛粪的革命无产者的形象在当年的宣传画、招贴画里随处可见。

“十亿人民十亿兵”的20世纪60年代“文革”时期，也是中国服饰文化变化最为剧烈的一个时期。不带领章帽徽、扎上棕色武装带的草绿军便服大行其道，绿军装，绿军帽，红袖章，解放鞋，佩戴毛主席像章，斜

中国广告业在1979年恢复，1979年1月4日，《天津日报》刊登了天津牙膏厂一个通栏广告，开创了我国商业广告的先河，天津牙膏厂成为首个刊登商业广告的业主，而《天津日报》也成为首个刊登商业广告的媒体。1979年3月9日，上海电视台播放的“参桂补酒”，是我国第一条电视广告，此后日趋蓬勃的广告业给人民生活带来巨大影响。

挎毛主席语录袋成了“时装”，不爱红装爱武装被女性视为理想追求，许多狂热的青年最向往的就是拥有一套绿军装，女性婀娜的身姿被宽肥的军便服罩住了，女装萧条，单一颜色，统一款式，时尚不再体现个性，而仅仅是那个时代的躁动与狂热。

20世纪70年代是新中国服饰路开始出现转折的一个特殊路段。在1976年粉碎“四人帮”以前，人们的服饰依然遵循着20世纪60年代的革命标准和政治意识，只是人们不愿忍受这种长期的压抑，总是时不时地作出一点试探，希望通过一些既有新鲜感又不致招来祸端的服饰上的变化，来满足一下爱美的天性。

20世纪60年代末以后，“打倒一切牛鬼蛇神”和“扫四旧”的风潮渐渐远去，先是少了红卫兵袖章，只戴毛主席像章，至20世纪70年代初期，连戴毛主席像章的服饰形象也不那么普遍了。爱美趋新的心理使国人希望在蓝、绿、灰的单调衣装中再寻觅点什么。这时，烟色条绒大棉袄登台亮相。毕竟条绒是棉线织成的，是工农服饰风格，而且款式上是直筒短身，衣里絮的又是棉花，外表是与资产阶级无缘的，再配上一条灰色长毛绒领子，颜色搭配有点“对比”，还有的少女配上一条红绒线围巾（化纤物织成），脚上一双驼色反面猪皮高靿鞋（时称反鹿皮）。远近“审视”起来，都比原来有些新意，也具备了时装特色。

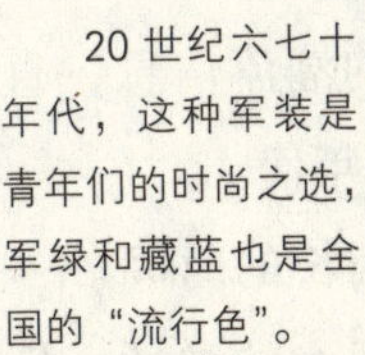

与此同时代，有名且延续时间很久的便是取自于形状的“一字领”，还有礼仪、劳动均可用的白布劳动帽、白布围裙和套袖，当年教师、学生、银行职员，人人一副套袖，再有的便是易于拆洗的假衬

20世纪六七十年代，这种军装是青年们的时尚之选，军绿和藏蓝也是全国的“流行色”。

衣领和脖套；四个兜是当时人民解放军军装的一种特殊标志，只有排级以上的军官上衣才有四个兜，而一般的战士军服只有上面的两个兜，在军装成为最时髦服装的时代，“四个兜”显得尤为珍贵；小白鞋是白帆布运动鞋的别称，与小白鞋相匹配的还有白鞋粉；的确良是“文革”时期极少数可以被称为“料子”的化纤纺织品，主要用于制作衬衫。

十一届三中全会胜利召开，党中央作出了改革开放的历史性决策。当中国国门对世界敞开时，中国人睁大了惊奇的双眼，在国人还在批判“封、资、修”的时候，世界现代时装之旅已走过了20世纪70年代。首先涌入古老大地的便是西方的喇叭裤和蛤蟆式太阳镜，而喇叭裤其实已在国外时装界流行了十年，趋于尾声，但却为中国服饰注入了新鲜空气，人们试探着迈出了一步。随着健美裤和连衣裙逐渐在街头出现，中国服饰文化的春天到了，中国人在服饰上所表现的爱美、求新意识，正在经由瞬息万变的时装而逐步改变着固有的观念。

随着中国经济不断对外开放，西方文化和港台时尚迅速进入中国，向年轻一代传递着最新的潮流信息，直接体现到了20世纪80年代。

健美裤流行了相当长的时间。一般以黑色为主，带有很大的弹性。后来脚蹬裤的材料变得多种多样，不过基本的特点都没有变：贴身，高弹力，且透风。

塑料底镶筋鞋、革边鞋风靡一时。冬天一双黑条绒面高鞠棉鞋，男女款式一样。如果谁的鞋带断了，在国内任何一个百货店都能购到同一颜色、规格的鞋带；夏天一双“空前绝后”的塑料鞋，只不过男鞋大点儿，女鞋小点儿。

牛仔裤裤腿较瘦，线条分明，有助于下腹紧绷和收起，给人以利索、轻快之感。夏季连衣裙，花色繁多，穿着舒适，飘逸动感。一时间，蝙蝠衫、棒针衫、滑雪衫纷纷登场。

讲究品位、突出个性的风尚将服饰带入了20世纪90年代。女子服饰宛如都市里一道亮丽的风景线，展示出了都市的无穷魅力。中国服装至少在高端人群中已经实现了与世界的同步。奢侈、豪华、昂贵不再是用来批判西方生活方式的专用词，而成为人们理直气壮地追求的生活目标，对名牌的崇拜成为品位高尚的表现。

20世纪90年代的鞋却出尽“洋相”，再不是“千鞋一样”了。既有名牌三接头男鞋，也有各式高跟女鞋和皮靴。既有笨的不能再笨的“松糕鞋”，也有尖得不能再尖形如卓别林穿的翘头皮鞋。

在21世纪的最初几年，中国人对

服装诉求的最高境界就是穿出个性——最好是独一无二。服装的主要作用已经不再是御寒，而是一种个性魅力的体现。百姓春夏秋冬四季衣衫件件新，不仅如此，还要讲究穿起来是否舒服，是否有气质，是否显派头。于是，真丝、纯棉、彩棉、羽绒等诸多面料，职业装、休闲装、运动装、礼服等各类款式的衣服，装点了人们多姿多彩的生活；“香奈儿”、“花花公子”、“金利来”、“李宁”、“耐克”等等各种国内外知名品牌成为人们显示身份的标签。同时，随着改革开放的不断深入，在21世纪，世界服装艺术中的中国元素也开始得到越来越广泛的体现，唐装走俏全球，旗袍热遍世界，中国服装作为一种文化潮流和商业主流在全世界受到瞩目和尊重。

图为20世纪60年代的铁路列车工作人员在进行调度值班交接。制服的胸口处有闪亮的毛主席像章，是来自那个时代的讯息。

2. 食：此中有真意

在新中国成立初期的艰难岁月，人们生活贫困，物资匮乏。当时流行着这样的顺口溜：“低指标，瓜菜代，吃得饱，饿得快，肿了大腿，肿脑袋”，“南瓜北瓜，天天吃它，无油少盐，稀稀呱呱”。在物资严重缺乏的时代，推开不同人家的门，每张餐桌上的菜肴是相似的；每个房间家具摆设是相似的；人们的穿戴是相似的；对生活的渴望也是相似的：吃饱。

20 世纪 50 年代初，全国实行粮食计划供应，采取凭证定量售粮办法。粮票粉墨登场。除了粮、油、布票，还有糕点票，有些地方还发放过煤球票、烟酒糖票等。然而，票证盛行对应的是物资短缺，只有在逢年过节，人们才能凭票购买一些糕点糖果、干货果品，但数量极少。萝卜、大白菜一度成为老百姓餐桌上的主菜，并代替了粮食。家家户户都在腌制咸菜，似乎只有逢年过节时才会包顿肉馅饺子。

每人每月只能凭当月肉票定量供应二两鲜肉，很多人为能买到膘肥肉厚的猪肉，经常天不亮就要出门。肉买回家，肥肉要炼成猪油，油渣捣碎成馅做包子、饺子，肉皮则熬成汤煮白菜，然后一家人“大”吃一顿。

这种状况一直持续到 1978 年实行改革开放，一些象征短缺经济的布票、油票、肉票，相继退出了人们的日常生活。也就是在这个时候，菜市场逐渐发展壮大，老百姓的餐桌也悄然发生变化，品种渐渐丰富，餐桌上逐渐呈现出前所未有的丰盛。禽、蛋、奶、水果、蔬菜等菜篮子工程的实施，让副食供应紧张局面得到改变。

进入 20 世纪 80 年代，当所有的票证都退出历史舞台，也就预示着一个新“饮食”时代的到来，过去限量供应的大白菜，已经让位于芥蓝、木耳菜、丝瓜、西红柿、鲜蘑和荷兰豆。尤其到了中后期，在城市居民的菜篮子中，一年四季都可以装满各种各样时令蔬菜水果。以往逢年过节才端上餐桌的红烧肉，已经开始变成家常菜。百姓的生活水平正从温饱型向小康型转化。

20 世纪 80 年代后期，粗粮食品逐渐从百姓的餐桌上淡出，细粮成为

曾经是奢侈品的北京烤鸭，如今早已“飞”进了寻常百姓家。

餐桌上的主角，粗粮成了配角。一些粗粮已经被淘汰，与此同时，野味和海鲜也逐渐出现在人们的饭桌上，过去闻所未闻的三文鱼和鲈鱼，也成为人们餐桌上的佳肴。外国的快餐如麦当劳、肯德基也进入了中国市场。20

世纪90年代，中国人菜肴的品类和档次也开始步入历史顶峰期。人们所追求的不仅仅是口腹之欲，而要在美食中包含中华饮食文化的追寻。已经消失的粗粮意外地受到食客青睐，再次回到餐桌，重新成为中国人饭桌上的宠儿。与此同时，国人把牛奶从特种营养品的位置摆上了普通的餐桌，中国乳业于是开始高歌猛进，进入一个飞速发展的时期。随着生活的富裕，中国菜已经难以满足人们的口味。俄罗斯大餐、法国大菜、意大利比萨、日本料理、韩国烧烤、美国快餐等纷纷进军中国，中国人不出国门便能吃遍世界。

现在，人们开始呼应健康主题，对回归自然的“水果蔬菜”重新重视。蔬菜要吃新鲜的，粮食要吃该年的，鸡鸭要吃一秒钟之前的，鱼肉要吃欢蹦乱跳的。人们在市场上挑剔的目光越来越多地落在鲜货上，而不是价格上。什么食品有营养，什么食品能防衰老，什么食品搭配能够保持身体的酸碱度平衡，成为人们津津乐道的话题。牛奶的发展进入巅峰时期，纯牛奶、脱脂牛奶、加钙牛奶应有尽有，数不胜数。中国人已经在“吃不饱”到“吃得饱”，再到“吃得好”、“吃得巧”的演变中形成了饮食健康观念。

中国纪事

20世纪八九十年代，我国开始引入国外的品牌和经营模式。

1987年11月12日，美国肯德基快餐公司在中国内地的第一家餐厅在北京前门繁华地带正式开业。1990年10月8日，我国内地第一家麦当劳餐厅在深圳市解放路光华楼西华宫正式开业。麦当劳由此揭开了抢占内地快餐市场的序幕。

1983年1月3日，中国内地第一家超级市场在北京市海淀区开业，面积只有200平方米，只出售蔬菜和肉食两种商品，而且比不远处的菜市场的价格要高。绝大多数顾客进来转一圈就出去了，购买者几乎都是外国人。20多年后的今天，去超市购物已经成为人们生活中不可缺少的部分。

3. 住：安得广厦千万间

新中国成立之初，我国对城镇居民实施了“统一管理，统一分配，以租养房”的公有住房实物分配制度。住房主要由所在单位解决，各级政府和单位统一按照国家的基本建设投资计划进行住房建设，住房建设资金的来源90%主要靠政府拨款，少量靠单位自筹。住房建好后，单位以低租金分配给职工居住，住房成为一种福利。“住房靠国家，分房靠等级”，在“福利分房”时代流行着。房子面积分配的大小要根据家里人口的数量。

1958年到1977年的20年里，我国一直实行这一住房制度，但是在这段时间里，我国政府坚持以发展生产为先，抱着“先生产，后生活”的理想主义思想，住房基本建设投资规模逐年削减，难以建造大批楼房，因此，

建国后，人口膨胀带来了大量社会问题，自20世纪70年代初起，中国政府开始大力推行计划生育。1978年至2007年，计划生育曾是我国的一项基本国策。图为20世纪80年代计划生育宣传队为群众演出。

住房供给不足也不断显现，成为严重的社会问题。各单位住房都十分困难：有三代蜗居一室的，有因无房而一再推迟婚期的，而二三十家合住筒子楼的，还要遭受走廊炉灶油烟和孩子吵闹的折磨……

1978年邓小平提出了关于房改的问题，由此开启了我国住房制度改革之路。尽管改革初期，国家也经济困难，但政府关注民生，为补偿住房的“欠账”，加大了建房投入，各单位也想出各种办法，尽力为员工盖房。

1979年原国家城市建设总局、国务院侨务办公室制定了关于用侨汇购买和建设住宅的暂行办法，鼓励华侨、归侨和侨眷用侨汇购买和建设住宅；并且规定所有权和使用权归自己，国家依法给予保护。业内人士认为这个暂行规定是住房商品化的萌芽。同年我国政府探索把住宅出售给职工，即进行政府统一建设，以土建成本价向居民出售。

1980年邓小平再次发表关于住房问题的讲话：“城镇居民个人可以购买房屋，也可以自己盖。不但新房子可以出售，老房子也可以出售。可以一次付款，也可以分期付款，十年、十五年付清。”随后，国家正式提出了实行住房商品化政策。

1994年，我国正式开始“房改”。房改的基本内容可以概括为“三改四建”：“三改”改变了计划经济体制下福利性的旧体制，“四建”则建立了以中低收入家庭为对象、具有社会保障性质的经济适用住房供应体系和以高收入家庭为对象的商品房供应体系，建立住房公积金制度，建立政策性和商业性并存的住房信贷体系，建立规范化的房地产交易市场和房屋维修、管理市场。

1998年下半年我国开始停止住房实物分配，逐步实行住房分配货币化，已实行了近四十年的住房实物分配制度从政策上退出历史舞台。

1998年后，我国房地产业发展迅速，至2004年房地产投资完成额持续了7年的两位数的快速增长。2003年国发[2003]18号文发布，将“建立和完善以经济适用住房为主的多层次城镇住房供应体系”改变为让“多数家庭购买或承租普通商品住房”，同时将经济适用房的性质重新定位为“是具有保障性质的政策性商品住房”。将大多数家庭的住房推向了市场，实现了我国住房市场化的根本转变。

21世纪，人们居住的选择更多了，有高层住宅区，有复式楼，有花园小区，甚至还有单门独院的特色别墅。随着人们生活水平的提高，装修也成为热点，在追求宽敞的同时，还在追求着居住环境的各种配套设施、绿化指数以及房屋的建筑风格、装修风格，要住得舒服，住得开心。许多家庭甚至拥有多套房子，还可以向外出租，日子过得非常滋润。

1997 年，一首《从头再来》响彻华夏大地。“下岗再就业”考验了一代人的能力、勇气和信心。社会主义市场经济地位的确定，使中国的改革完成了“惊险的一跳”。

4. 行：天涯若比邻

曾几何时，清晨的北京街头被自行车的海洋覆盖着——中国曾被誉为自行车的国度。

新中国成立之初，街上的汽车很少，自行车还不是家庭主要交通工具，人们大多数是靠脚走路，小部分家境较好的人家有辆自行车则是非常令人羡慕的，购买自行车得凭票，每年一个单位最多能分到十几张购车票，能有幸分到票的人实在有限。上下班的交通工具，除了自行车，就是公交车了，但人们为了坐公交车经常要走现在的两三站地，去一个远些的地方经常要倒两三次车，上下班期间人满为患。飞机更是只有极少数人才能见识到，更别说乘坐了。

到了20世纪70年代末期，永久、凤凰、飞鸽等品牌的自行车开始风靡中国。其中牌子最响的是永久和凤凰牌。有一辆自行车的感觉不亚于现在有辆轿车的感觉，尤其是骑“永久”、“凤凰”就像现在开奔驰、宝马一样有面子。

到了20世纪80年代，摩托车开始逐步成为人们的新宠。那时，摩托车是家庭富裕的象征，骑着一台轰隆作响的摩托车游走于大街小巷无疑会引来不少羡慕的目光。从摩托车开始，中国人的出行方式被大大改变了。电

“三转一响”——缝纫机、自行车、手表、收音机。20世纪60年代至70年代的“四大件”，明显贴着计划经济的标签。自行车、缝纫机、手表、半导体（收音机），这“四大件”会让上了年岁的人如数家珍。是它们伴随着百姓走过了一段能让人开怀大笑，也能使人潸然泪下的历史，而他们一生中的某段人生经历已经和这“四大件”产生了难以割舍的联系，在其头脑中打下了不可磨灭的烙印。因为一块手表曾经就是她的嫁妆，而一辆崭新的“飞鸽”或“永久”也许使他当上了新郎。那时的“四大件”无疑是财富的象征，以至于成了人们争相炫耀的资本。那时，骑着一辆自行车在街上闲逛，其得意的劲头和现在开辆“大奔”去市场买菜的心情，估计是一样的。

中国纪事

中国幅员辽阔，南北跨度大，东西纵横长，民族众多，地方文化差异大，旅游资源丰富；同时，中国人口众多，正在全面进入小康社会，国民收入的增加，为旅游业的发展奠定了物质基础，因此中国正在朝向国内旅游大国、入境旅游大国、出境旅游大国发展。

从建国以来到1990年，是入境旅游居主导地位的时期；1990年至2002年，国内旅游异军突起；自2002年开始，中国的旅游市场又发生了深刻的变化，以出境游组团社改革为标志，进入了出境游时代。

中国旅游业有着十分明显的分界线，东部沿海经济发达，是最大客源的输出地，西部旅游资源丰富，是最大的客源输入地，但是随着西部开发的深入，东西部旅游大融合是东西部经济融合的必然趋势。东部因经济发达，商务旅游、会展旅游已渐渐取代传统的观光旅游，西部因资源丰富，风光秀丽，观光旅游仍是旅游业发展的主流。

动三轮车也在这一时期出现，并火爆城乡，但由于安全性差等因素，20世纪90年代末退出历史舞台。

摩托车开始逐步进入家庭，这是私家车走进百姓生活的序曲。

20世纪80年代末90年代初，飞机还是个新鲜事物，线路和航班都很少。如果那时候有谁能坐上飞机去趟外地，肯定会吸引无数羡慕的目光。但是当时飞机票价格很贵，动辄就是几千元的票价。

远洋客轮在20世纪90年代是种非常特别的远途交通工具，虽然许多人会遇到晕船反应的问题，但并不妨碍人们在浪涛中欣赏旅途的风景。票价低廉，安全快速的火车则依然是全国普及的内陆远途交通工具。

如今，自行车、摩托等交通工具正被新的变化所取代，人们出门“打的”已成家常便饭，大街小巷的公交车方便了百姓的出行。更大的变化则是私家车的逐年增多，汽车已经悄悄地走进了平常百姓的普通生活，知名

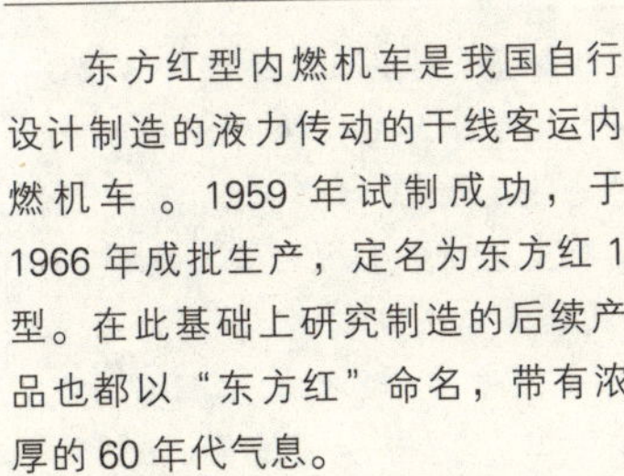

东方红型内燃机车是我国自行设计制造的液力传动的干线客运内燃机车。1959年试制成功，于1966年成批生产，定名为东方红1型。在此基础上研究制造的后续产品也都以“东方红”命名，带有浓厚的60年代气息。

品牌轿车会不经意间从人们身边疾驰而过。

国际航班把国人带到了世界的每个角落；城市公交开始注重环保节能，空调公交车投放使用；公交IC卡开始普及；地铁成为最便捷的“地下公交车”；城市轻轨，缓解了重庆、武汉、上海等大都市的交通压力；磁悬浮正在多个城市建设；过江、地下隧道在全国多座城市开通，让人们的生活“安”上了车轮，飞速前进。

在40天左右的时间里，承受20多亿人次的人口流动——这就是全世界独一无二的中国“春运”现象。

“春运”，以春节为界，节前15天，节后25天，共40天，由国家经贸委统一发布（每年起止时间略有不同），铁道部、交通部、民航总局按此进行专门运输安排的全国性交通运输高峰叫做春运。

在春运期间，铁道部实行特殊运行管理，加开大量临时客车。从1954年起，铁道部就有春运记录，但客流与现在相差很远，日均客流量73万人次，高峰客流量90万人次，时间为春节前后15天。20世纪80年代以后，大量民工外出务工，春运逐渐成为社会热点。每年春运，铁路运输是重中之重，铁道部采用“基本方案”、“预备方案”、“应急方案”三套运力方案，分别应对正常客流、高峰客流、突发客流。春运被誉为人类历史上规模最大的、周期性的人类大迁徙。

中国中央电视台

简称央视，英语简称CCTV，是中华人民共和国国家电视台。1958年5月1日试播，9月2日正式播出。初名北京电视台，1978年5月1日更名为中央电视台。目前共开办19套电视节目，分别为综合频道、经济频道、综艺频道、中文国际频道、体育频道、电影频道、军事·农业频道、电视剧频道、英语国际频道、科学·教育频道、戏曲频道、社会与法频道、新闻频道、少儿频道、音乐频道、西班牙语国际频道、法语国际频道、高清综合频道、阿拉伯语国际频道，内容几乎涵盖社会生活的各个领域。目前全台栏目总数近400个，日播出量达270小时，其中自制节目量约占总播出量的75.31%，使用中、英、法、西班牙、阿拉伯五种语言和粤语、闽南话等方言向国内外播出。全国人口覆盖率达90%，观众超过11亿人。已经成为当今中国最具竞争力的主流媒体之一，具有传播新闻、社会教育、文化娱乐、信息服务等多种功能，是全国公众获取信息的主要渠道，也是中国了解世界、世界了解中国的重要窗口，在国际上的影响正日益增强。

中央人民广播电台

为中华人民共和国国家广播电台，是中国最重要的、最具有影响力的传媒之一。它的前身是于1940年12月30日在中国革命圣地延安诞生的第一座人民广播电台——延安新华广播电台。1949年3月25日延安新华广播电台（撤出延安以后，改名“陕北新华广播电台”）开始在北平播音，使用北平新华广播电台呼号，1949年12月5日，正式定名为中央人民广播电台。现办有中国之声、经济之声、音乐之声、都市之声、中华之声、神州之声、华夏之声、民族之声、文艺之声、老年之声、藏语广播等11套无线广播节目，每天播音200多个小时，覆盖全国。同时还开办了4套数字广播节目和3套手机广播节目。以广播为依托，中央人民广播电台全面推进在线广播、网络电台、数字电视、手机电视、报刊出版发展，拥有全国最大的音频网站“中国广播网”，以及网络电台“银河台”、有线付费电视“家庭健康”频道、《中国广播报》、《中国广播》杂志、中国广播音像出版社、央广传媒发展总公司等。